RHETORIK

ICH ÜBERZEUGE DICH

Das Geheimnis erfolgreicher Kommunikation

Florian Thiem

Bibliografische Information der Deutschen Nationalbibliothek
Die Deutsche Nationalbibliothek verzeichnet diese Publikation in der Deutschen Nationalbibliografie; detaillierte Daten sind im Internet abrufbar unter:
https://portal.dnb.de

Für Fragen und Anregungen:
info@justsmartproducts.de

Rhetorik – Ich überzeuge dich
1.Auflage / 2019
© by GbR: Julian Möller & Fabian Möller
Endenicher Str. 302, 53121 Bonn

Ein Imprint der
JSP
GbR - Julian Möller & Fabian Möller
Endenicher Str. 302, 53121 Bonn
Verantwortlich für gewerbliche Dienste.

ISBN: 9781093649123

Rhetorik – Ich überzeuge dich

JSP-V

www.justsmartproducts.de

Florian Thiem

Inhaltsverzeichnis

1 Einleitung

Der legendäre römische Staatsmann Cicero soll in Rom mit einer Rede vor dem Senat erreicht haben, dass 100 Prozent seiner versammelten Zuhörer von ihm überzeugt wurden, seinen Standpunkt einzunehmen. Am folgenden Tag hielt er erneut eine ausgefeilte und engagierte Rede. Nur vertrat er inzwischen die gegenteilige Meinung. Wieder konnte er alle überzeugen. Das ist Rhetorik.

Rhetorik ist die Kunst der Rede. Am Beispiel der rhetorischen Frage „Willst du zu den Gewinnern gehören und dieses Buch durcharbeiten" lässt sich darstellen, welches Ziel mit Rhetorik verfolgt werden soll. Rhetorik soll den Zuhörer berühren, ergreifen und bewegen. Eine rhetorische Frage ist keine Frage, die dem Gegenüber eine Wahl lässt. Wer eine rhetorische Frage stellt, will eine bestimmte Antwort erhalten.

Ist Rhetorik also nichts anderes als Manipulation? Viele Kritiker würden diese Frage mit „Ja" beantworten. Doch so einfach ist das nicht. Manipulation findet immer statt, wenn ein Mensch nicht allein unter einer Glaskuppel sitzt. Gerüche, Farben, Formen, Geräusche und damit auch Sprache nimmt er auf und verarbeitet sie bewusst oder unbewusst. Wir alle sind darauf angewiesen, Manipulation zu erfahren. So bleiben wir mit der Welt verbunden und werden ein Teil des Prozesses, der sich Leben nennt.

Jeder, der seine eigenen Überzeugungen und Meinungen vertritt, freut sich, wenn er seine Mitmenschen überzeugen kann. Er sucht Gleichgesinnte und will andere in sein Boot holen. Um das zu erreichen braucht er Überzeugungskraft. Rhetorik ist das beste Mittel, um die Stärke der eigenen Überzeugungen zu erhöhen.

Rhetorik ist in allen Bereichen des Lebens von großer Bedeutung. Sowohl privat als auch beruflich haben die charismatischen Redner immer die Nase vorn.

Rhetorik findet immer dort statt, wo etwas verkauft, an den Mann gebracht werden soll. Dabei geht es nicht nur um Produkte. Es geht auch um Wünsche und Meinungen. Im Privatleben macht es einen großen Unterschied, ob sie zu ihm sagt: „Nie hast du Zeit für mich. Immer lässt du mich allein zuhause“, oder ob sie rhetorisch ausgefeilt formuliert: „Am nächsten freien Wochenende sollten wir mal wieder was machen, was uns beiden Freude macht.“

Sie will etwas verkaufen. Er soll ihr Bedürfnis nach Gemeinsamkeit berücksichtigen. Doch die beiden aufgezeigten Wege führen nicht gleichermaßen zum Erfolg.

Schon in diesem kleinen Beispiel erkennst du sofort, wie groß die Macht der Worte ist. Mit dem ersten Satz schlägt sie quasi verbal eine Tür zu. Was soll er darauf antworten? Er könnte sich verteidigen und es käme zu einem Konflikt. Im zweiten Satz wird eine Tür geöffnet, eine Kommunikation kann in Gang kommen. Das hat sie gewollt, sie hat ihr erstes Etappenziel erreicht.

Auch beruflich kennen wir rhetorische Anwendungen wie die rhetorische Frage eines Versicherungsverkäufers. „Meinen Sie nicht, dass Ihr Kind Ihnen diese kleine Ausbildungsversicherung wert sein sollte?" „Sind Sie sicher, dass Sie im Alter mit Ihrer kleinen Rente leben wollen?" Die Rhetorik ist dabei nicht auf einzelne Branchen beschränkt. Wer ein Vorstellungsgespräch meistern will oder von seinem Chef eine Beförderung erhalten möchte, sollte an seiner Rhetorik arbeiten. Auch Reklamationen und Beschwerden sind mit rhetorischen Mitteln besser zu beantworten. Rhetorik bewegt Menschen, bindet Menschen und führt Menschen. Sie erfüllt damit alle Voraussetzungen, um als wichtigstes Mittel zum Erreichen der eigenen Ziele zu gelten.

Die Kunst der Rede war und ist hochaktuell. Politik und Wirtschaft sind ohne Rhetorik nicht denkbar. Jeder Visionär braucht rhetorische Fähigkeiten, um andere von seiner Vision zu überzeugen. Dabei reicht der Text nicht aus. Ohne eine gelungene Präsentation ist Überzeugung nicht möglich. Das ist der Grund, warum zur Rhetorik auch Einfühlungsvermögen gehört. Jeder gute Redner weiß, was seine Zuhörer bewegt und welche Erwartungen er ihnen erfüllen muss, damit sie seine Ideen für ihren Gewinn halten. Rhetoriker kennen nicht nur die Rede, sie kennen auch die Grundprinzipien der menschlichen Persönlichkeit in den verschiedenen Kontexten. So wird ein Beerdigungsredner seine Zuhörer anders mitnehmen und begeistern wollen als ein Spitzenverkäufer. Ein Personalchef hat ein anderes Publikum als ein Gewerkschaftsboss. Was alle miteinander verbindet ist, dass sie ihre Botschaft transportieren wollen. Alle nutzen die Grundregeln der Rhetorik. Dabei geht es selten um Standardvorgaben. Das eigene Publikum zu erreichen ist oberstes Ziel, das Publikum zu kennen ist dafür der Königsweg.

Ein guter Rhetoriker ist also jemand, der sich in Mimik, Gestik, Wortwahl und Ausdruck so darstellen kann, dass er den Nerv des Zuhörers trifft. Wer das kann, kann jede Rede mit größtem Erfolg halten. Er gilt als charismatisch und als Sympathieträger.

Wir können davon ausgehen, dass alle Menschen sich in Rhetorik versuchen. Einige machen es sehr gut. Sie bekommen, was sie wollen und haben den Erfolg, den sie sich wünschen. Andere sind weniger erfolgreich. Sie stellen sich eher ungeschickt an und erreichen ihre Ziele weniger leicht. Wenn du zu denen gehören willst, die mit einer guten Rhetorik überzeugen wollen, solltest du die Grundlagen der Rhetorik kennen. In diesem Buch werden dir Stilmittel, Aufbau und Technik der Rhetorik vermittelt.

Mit einer gut ausgebildeten Rhetorik kannst du deine Zuhörer begeistern, motivieren und für dich gewinnen. Dabei ist Rhetorik sowohl eine Kunst, die du lernen und trainieren kannst.

Rhetorik ist aber auch eine Wissenschaft, die ihren speziellen Regeln folgt. Rhetorik ist keine Frage des Geschmacks. In diesem Buch wirst du alles erfahren, was dir dabei hilft, deine rhetorische Stärke zu entdecken und zu fördern. Du wirst die typischen Anfängerfehler erkennen und lernen, wie du sie vermeiden kannst.

2 Was ist Rhetorik?

Der Begriff der Rhetorik stammt aus der altgriechischen Sprache. Er bedeutet schlicht „Redekunst". Erste rhetorische Anfänge gab es vor mehr als 3000 Jahren. Offensichtlich war die Sprache also seit ihrer Entstehung ein machtvolles Werkzeug, das eingesetzt wurde, um in einer Gruppe die Führungsposition zu übernehmen.

Rhetorik kann dabei unterschieden werden in die Fähigkeit, vor einer großen Gruppe eine überzeugende Rede zu halten und vor der Kunst, im Gespräch zu überzeugen. Damit kann Rhetorik sowohl monologisch als auch dialogisch eingesetzt werden.

Die wichtigsten Einsatzfelder sind:

- Vortrag
- Präsentation
- Verhandlung
- Konflikt
- Gespräch

Zur Rhetorik gehören ganz spezielle Techniken wie:

- **Sprachliche Mittel**

Wenn du eine gut ausgearbeitete Sprache verwendest, triffst du nicht nur die Ohren, sondern auch das Herz deiner Zuhörer.

- **Wortwahl**

Wörter lösen Reaktionen im Gehirn aus. Lerne, Wörter zu nutzen, die deine Zuhörer in eine positive Stimmung versetzen. Das verbinden sie mit dir und deinem Thema.

- **Struktur**

Eine gute Rede braucht einen roten Faden. Sobald deine Zuhörer den Faden verlieren, beginnen sie sich zu langweilen und sind nicht mehr am Thema interessiert.

- **Gestik**

Die Gesten eines Redners werden unbewusst wahrgenommen. Deine Gestik bietet zusätzliche Informationen über deine eigene Einstellung zum Thema. Gestik macht einen Vortrag anschaulich.

- **Mimik**

Ein Blick sagt mehr als tausend Worte. Deine Mimik gibt der Rede die Chance, zu einem Dialog zu werden. So fühlen sich die Zuhörer einbezogen.

- **Gesamterscheinung**

Deine Gesamterscheinung sollte auf keinen Fall konträr zu deinem Thema stehen. Auch sollte dein Erscheinungsbild nicht von deinem Thema ablenken. Im bunten Hippie-Outfit kann nur sprechen, wer ein passendes Thema hat.

Viele Experten beschreiben die Rhetorik als eine Art von Musik. Je besser deine Ausführungen klingen, umso mehr kannst du deine Zuhörer dazu bewegen, sich deinem Thema vollkommen hinzugeben. Wenn dir das gelingt, hinterlässt du einen bleibenden Eindruck und kannst erreichen, dass deine Zuhörer so handeln, wie es deinem Wunsch entspricht.

Rhetorik ist also keine bloße Theorie. Sie darf nie einstudiert oder aufgesetzt wirken. Auch die fachlichen Inhalte stehen nicht im Vordergrund. Es geht um die Kunst, deine eigene Sprache und Ausstrahlung so zu gestalten, dass deine Zuhörer in deinen Bann gezogen sind. Sie werden nicht nur von deinen Ausführungen, sondern auch von dir überzeugt und fasziniert sein.

Rhetorik hat sich im Lauf der Jahre stark verändert. Um zu verstehen, was einen guten Rhetoriker ausmacht, solltest du einige Informationen über ihre Entwicklung kennen.

Wie ging es weiter, nachdem Cicero so hohe Maßstäbe gesetzt hatte? Zuerst einmal muss man wissen, warum das Reden in vergangenen Zeiten so wichtig war. Der Grund liegt auf der Hand. Es wurde schlicht wenig geschrieben. Also überzeugten die einzelnen Personen im Rahmen ihrer verbalen Möglichkeiten. Je höher sie waren, umso eher wurden sie gehört und respektiert. Es war wichtig, Menschen auf die eigene Seite zu bringen. Die Staaten waren jung, die Politik war noch ein Versuchsfeld und wer seine eigenen Visionen am besten erzählen konnte, wurde schnell zu einer Führungskraft. Überzeugung musste sofort geschehen, denn Nachlesen war noch nicht möglich. Also packte der Redner seine Zuhörer direkt bei ihrem Gefühl, ihren Ängsten, Hoffnungen und Bedürfnissen, um zu zeigen, dass er der richtige Mann für sie war.

Bereits vor mehr als 2500 Jahren wurde ein Konzept für eine Rede auf Sizilien erstellt. Der Urheber war ein Redner namens Korax. Seine Gliederung sah so aus:

1. Proemium (Einleitung)
2. Narratio (Darstellung der Situation / des Sachverhalts)

3. Argumentatio (Beweis der These oder Widerlegung von Gegenargumenten)

4. Disgressio (Exkurs und weitere Erklärungen)

5. Peroratio (Abschließender Epilog)

Ungefähr zur gleichen Zeit bildeten sich Rhetorikschulen, die teilweise unterschiedliche Ansichten über die Technik des Redens vertraten.

Im Mittelalter beriefen sich die Gelehrten aus Cicero. Rhetorik wurde unterrichtet und galt als eine berufliche Qualifikation. Die Rhetorik galt zudem als Grundlage der Poetik, also der Literaturtheorie.

Etwa gegen Ende des 18. Jahrhundert verlor die Rhetorik ihre Bedeutung. Die Romantiker dieser Zeit wollten sich nicht mehr an Regeln und Formalien halten. Sie bevorzugten die flammende Rede aus freiem Herzen. Goethe, Kant und Bismarck waren die bekanntesten Widersacher der Rhetorik. Goethe nannte sie sogar die „Kunst des Verstellens". Kant kritisierte, dass Rhetorik allein dazu geeignet sei, die Schwächen des Gegners zu erkennen und für seine eigenen Zwecke zu nutzen, statt eigene Argumente zu liefern.

Im 20. Jahrhundert wurde Rhetorik wieder bedeutsamer. Zur alten Hochform lief sie aber nicht mehr auf. Sie galt nicht mehr als Studienfach. Nur in Tübingen konnte das Studienfach noch belegt werden.

Dabei hat Rhetorik keinesfalls an Bedeutung verloren. Moderne Rhetoriker begeistern ihr Publikum nach wie vor und sind nicht weniger erfolgreich als ihre Vorbilder. Auch die technischen Details sind zu einem großen Teil identisch. Sogar die Kritik an der Rhetorik ist heute dieselbe wie im 18. Und 19. Jahrhundert. Früher wie heute bemängeln ihre Gegner, dass ein gewisser Anteil an Manipulation und Künstlichkeit in der Rhetorik gesehen werden könnte.

Um diesem Vorwurf den Wind aus den Segeln zu nehmen, bedarf es der vollkommenen Authentizität des Redners. Der schöne Satz „Nur, wer selbst brennt, kann andere entflammen“, den Augustinus Aurelius in die Welt gesetzt hat, gilt auch heute noch. Deshalb: Sprich nie über ein Thema, bevor du dich nicht selbst dafür begeistert hast.

Wenn du begeistert bist, kannst du im Supermarkt an der Kasse, auf der großen Bühne, während eines Spaziergangs und in der Stammkneipe überzeugen. Du kannst anderen die sprichwörtliche Frikadelle ans Knie reden, wenn du sicher bist, dass jeder ein Stück gebratenes Hackfleisch an seinem Knie braucht. Du könntest einen Föhn verkaufen, mit dem man Pizza backen kann. Rhetorik macht das Unmögliche möglich, denn am Anfang war das Wort. Das bedeutet, dass jede Idee, jede Vorstellung in deinem Kopf sich nur verwirklichen kann, wenn über sie gesprochen wird. Damit ist nicht das Reden über eine Idee gemeint. Das ist sogar gefährlich. Denn sobald du beginnst, über deine Vision zu reden, könnten andere sie als ihre eigene ausgeben.

Eine wirklich gute Idee oder eine wirklich wichtige Vision sollten von Anfang an durch Rhetorik begleitet sein. Nur so kannst du erreichen, dass deine Mitmenschen nicht nur Informationen über das Thema erhalten, sondern auch akzeptieren, dass du der Urheber, der Erfinder und die Führungsperson in der betreffenden Angelegenheit bist.

Als guter Rhetoriker setzt du dich im Job und auf dem Elternabend durch. Deine Ideen können froh sein, zu dir zu gehören, denn du wirst Ihnen den Weg in die Welt ebnen. Das schaffst du allein mit einer starken Rhetorik.

3 Warum ist Rhetorik so ein machtvolles Werkzeug?

„Worte sind die mächtigste Droge, welche die Menschheit benutzt.“

(Joseph Rudyard Kipling)

Der Schriftsteller, der das Dschungelbuch geschrieben hat, muss es wissen. Sein kleiner Held Mogli turnt seit Jahrzehnten durch die Kinderzimmer und über die Kinoleinwände. Kipling war in wahrer Meister von mächtigen Worten. Folge seinem Beispiel und mach dich mit deiner Redekunst unsterblich.

Rhetorik ist ein Begriff, der in vielen Menschen gemischte Gefühle hervorruft. Während einige Menschen sie als Waffe gegen den freien Willen sehen, betrachten andere die Rhetorik als ein mächtiges Werkzeug, um Ideen und Visionen umzusetzen.

Rhetorik ist jedoch weder schwarz noch weiß. Sie ist ein Werkzeug. Wie es eingesetzt wird, liegt in den Händen dessen, der Rhetorik anwendet. So verhält es sich mit allen Werkzeugen. Eine Axt kann missbraucht werden, um einen Menschen zu verletzen. Sie dient aber dem, der in seiner Hütte friert, als wichtiges Instrument, um das Holz für seinen Kamin herzurichten.

Wer Rhetorik zum Schaden seiner eigenen Person oder anderer Menschen einsetzt, trägt die Verantwortung dafür allein. Nicht die Redekunst ist Ursache für Volksverhetzung, Kriegstreiberei oder andere schlimme Auswirkungen von Reden. Die Ursache ist die negative Gesinnung des Redners.

Und doch zeigen auch die negativen Beispiele, wie stark Rhetorik wirken kann. Ein guter Redner ist in der Lage, große Taten anzustoßen, die vielen Menschen helfen können.

Mit diesem Wissen um Rhetorik wird auch deutlich, wer sich mit dieser Fähigkeit befasst. Wahrscheinlich hast du dieses Buch gekauft, weil du lernen willst, andere durch deine Ausführungen zu beeindrucken, zu begeistern und zu überzeugen.

Meist ist eine Idee oder eine Vision der eigentliche Anlass. Es macht plötzlich „Klick" im Kopf, eine wunderbare Geschäftsidee, eine Methode, eine Vision ist geboren.

Das Bedürfnis, das direkt darauf folgt ist meist, andere Menschen zu begeistern. Soll die Vision zur Wirklichkeit werden, braucht sie viele Helfer. Es erfordert Zeit, Geld und viel Manpower, aus einem Gedanken einen Teil der Realität werden zu lassen.

Rhetorik hat Macht. Das liegt schlicht daran, dass die Rhetorik sich des Grundwissens über die menschliche Psyche bedient.

Das Geheimnis des Unbewussten

In der modernen Rhetorik taucht immer wieder das Bild von einem Eisberg auf. Ein Eisberg ist oberhalb der Oberfläche sichtbar. Er ragt meist imposant aus dem Meer aus. Doch jedes Kind weiß, dass seine Basis tief unten im Meer verborgen liegt. Der sichtbare Teil ist der kleinere Teil. Der größere, wirkungsvollere Teil liegt unter der Oberfläche und darf zwar vermutet werden, ist aber nicht sichtbar. Dabei ist dieser größere Teil gefährlich und wirkungsvoll.

Als Sigmund Freud seine Lehre von der Seele entwickelte, kam er schnell hinter das Geheimnis des Unbewussten. Ihm und allen seinen Nachfolgern erschloss sich die Tatsache, dass all das, was wir wahrnehmen, denken und als real einschätzen höchstens ein Drittel unserer Welt ausmacht. Was uns bewusst ist, ist also sehr wenig. Er bediente sich in seiner Theorie des Bildes vom Eisberg. Das Eisbergmodell war geboren und bildet bis heute eine wichtige Basis für den Umgang mit Menschen und auch für die Rhetorik.

Aus Freuds Erkenntnis folgt, dass etwa zwei Drittel im sogenannten Unbewussten abgelegt werden. So, wie ein Eisberg nur mit seinem kleinsten Teil über den Meeresspiegel ragt, so ist auch unser Bewusstsein nur ein kleiner Teil unserer Wirklichkeit. Der größere Teil liegt unter der Oberfläche verborgen.

Dabei ist gerade dieser nicht sichtbare Teil wichtig. Es sind schon Schiffe an ihm umgekommen und unser Unbewusstes hat uns schon häufig im Weg gestanden. Unsere Reaktionen auf Personen, Situationen und Ereignisse werden vom

Unbewussten gesteuert, ohne das wir es merken.

Im menschlichen Unbewussten sind Ängste, Sehnsüchte und Erinnerungen verborgen. Alles, was tagtäglich auf uns einströmt und nicht verarbeitet werden kann, landet im Unbewussten. Die Seele vergisst nichts. Eigenschaften wie die Angst vor Feuer oder die Freude am Erfolg sind dort gespeichert, seit die Menschen auf der Erde sind. Vieles von dem, was wir für normal und natürlich halten, wurde schon in unserer Kindheit in unserem Unbewussten abgelegt. Genauso verhält es sich mit den meisten Ängsten.

Oft wissen wir nicht, warum wir einen bestimmten Menschen, eine spezielle Speise oder eine Musik nicht mögen. In den meisten Fällen liegt das daran, dass unser Unbewusstes die Bremse zieht. Es verbindet den Aspekt mit einer negativen Erinnerung, die wir nicht im Bewusstsein haben. Im Zweifel werden wir dem Unbewussten folgen, ohne es wirklich zu merken. Das Unbewusste steuert uns also, selbst wenn wir davon überzeugt sind, dass alles nach unserem freien Willen verläuft.

So lässt sich erklären, dass viele Menschen immer wieder die gleichen Fehler machen oder andere schlicht alles in Gold verwandeln, was sie anfassen.

Rhetorik setzt auf genau diese Erkenntnisse. Ein guter Rhetoriker kennt die Spielregeln in der menschlichen Seele und hat den ganzen Eisberg im Blick, während er seine Rede vorbereitet. Er wendet sich nicht nur an die Spitze, die er sehen kann.

3.1 Die folgenden Erkenntnisse spielen für einen guten Rhetoriker eine bedeutende Rolle

1. Der Mensch agiert aus seinem Unbewussten heraus und ist demnach komplexer als er scheint.

2. Jeder Mensch hat die unbewussten Bedürfnisse nach Sicherheit, Gemeinschaft und Erfolg.

3. Der Erfolg seiner Rede hängt stark davon ab, wie gut er das Unbewusste seiner Zuhörer zu führen versteht.

4. Die Wirksamkeit seiner Rede hängt davon ab, wie stark der Eindruck ist, den er im Unbewussten seiner Zuhörer hinterlässt.

Einige Beispiele können dir verdeutlichen, wie viel Macht in der Rhetorik steckt.

Beispiel A: Redekunst in der Medizin

Betrachten wir eine Situation, wie sie täglich zwischen Ärzten und Patienten stattfindet. Ein Mediziner muss seiner Patienten mitteilen, dass sie unbedingt gesünder leben muss, um sich nicht gravierend zu schädigen. Er hat jetzt zwei Möglichkeiten, seiner Patienten seine Meinung über ihren Gesundheitszustand mitzuteilen.

Möglichkeit 1:

Wenn Sie weiter so ungesund essen und sich so wenig bewegen, haben sie nicht mehr lange zu leben.

Möglichkeit 2:

Für ihre Gesundheit sollten Sie in Zukunft darauf achten, mehr Obst und Gemüse zu essen. Suche Sie sich außerdem eine Bewegungsform aus, die ihnen Freude bereitet, damit sie ihr Leben noch lange genießen können.

Was zeigen diese beiden Varianten der Wahrheit? Der Arzt hat in keinem der beiden Fälle gelogen oder etwas verschwiegen. Doch in Möglichkeit 1 hat er eine unbewusste Angst geweckt: Die Angst vor dem Sterben.

Möglichkeit 2 dagegen weckt eine unbewusste Hoffnung: Die Hoffnung auf ein langes Leben. Die Patienten wird ihren Arzt sympathisch finden, wenn er Möglichkeite1 nutzt. Wer Hoffnung statt Angst geben kann, kommt einfach besser an. Außerdem verhindert Angst die Motivation auf Veränderung. Der Arzt wirkt also nicht nur als Sympathieträger, er hat auch definitiv mehr Aussicht auf Erfolg, wenn er Möglichkeit 2 anwendet.

Die falsche Rhetorik bei der Überbringung einer negativen Diagnose kann Patienten im schlimmsten Fall dazu bringen, sich vollkommen aufzugeben. Das verhindert eine Heilung unter Umständen sogar vollständig. Es soll schon vorgekommen sein, dass sich Menschen wegen einer Fehldiagnose selbst getötet haben.

Auf der anderen Seite sind schon sterbenskranke Personen wieder gesund geworden (oder haben sich zumindest so gefühlt), weil irgendein Guru, der eine perfekte Rhetorik einsetzen konnte, ihnen erzählt hat, dass es ihnen gut gehen wird.

Beispiel B: Redekunst im Datingbereich

Wenn es beim ersten Date nicht funktioniert, kann das durchaus an der Rhetorik bzw. fehlender Rhetorik liegen. Ein junger Mann mit nervöser Gestik und unruhiger Mimik hat schon körpersprachlich einige Hemmnisse. Unter der Spitze des Eisbergs nimmt die Dame der Wahl nämlich wahr, dass er nicht in sich ruht. Er wirkt nicht wie ein Fels in der Brandung. Souveränität zeigt er gar nicht. Wenn er dann noch erzählt, dass er keine Frau mit Kind, keine Blondine und keine Frau wie seine Ex sucht, hat er verloren. Das liegt nicht daran, dass sein Date eine blonde Mutter ist, die seiner Ex gleicht. Es liegt daran, dass er sich negativ ausdrückt. Er müsste darstellen, wen er sucht – und dann darauf warten, dass sich die Gesprächspartnerin in seinen Äußerungen selbst erkennen kann. So entsteht Bindung.

Beispiel C: Redekunst im Job

In kaum einem anderen Bereich wird so viel Rhetorik eingesetzt wie im Berufsleben. Stell dir ein Vorstellungsgespräch vor, bei dem der Bewerber seine Fähigkeiten anpreist. Das ist nicht schlimm, Selbstbewusstsein gehört in jedem Fall zu einem erfolgreichen Menschen.

Lies die folgenden beiden Aussagen:

Aussage 1: Ich bin sehr stark im Recherchieren. Andere suchen meist stundenlang, während ich mit einem Klick die Informationen habe, die ich brauche. Meine Kollegen im letzten Job haben mich alle um meine Kompetenzen beneidet.

Aussage 2: Eine meiner Stärken ist das Recherchieren. Jahrelange Erfahrungen und meine Bereitschaft, mich immer weiter zu verbessern kann ich gut in Ihr Unternehmen einbringen.

Alles klar? Ein guter Rhetoriker stellt seine Stärken dar. Er braucht die Schwächen der anderen nicht, um sich zu profilieren.

An den Beispielen erkennst du schnell, dass eine gute Rhetorik in der Lage ist, Leben zu verändern. Wie du selbst zu einem großen und erfolgreichen Redner wirst, dessen Aussagen ihre Wirkung im anderen entfalten können, erfährst du im nächsten Kapitel.

4 Meister der Rhetorik

Jetzt geht es los. Du wirst ein meisterlicher Redner werden, wenn du die Grundregeln der Rhetorik beherrscht und deine Rede trainierst. In den folgenden Ausführungen wirst du deshalb immer wieder Trainingshinweise bekommen. Such dir selbst aus, ob und wie du trainieren willst. Du kannst die Übungen sofort ausführen oder aber zuerst alles lesen und dir dann ein spezielles Trainingsprogramm zusammenstellen. Wichtig ist, dass du wirklich überzeugt bist, ein guter Rhetoriker werden zu wollen.

4.1 Rhetorik beginnt in der Persönlichkeit des Redners

„Rhetorik ist deshalb ein Problem, weil es schwierig ist, gleichzeitig zu reden und zu denken. Politiker entscheiden sich meistens für eines von beiden.“

(Mark Twain)

Mark Twain hat den Nagel auf den Kopf getroffen. Gleichzeitig reden und denken fällt vielen Menschen schwer. Deshalb steht vor dem Erfolg des Redners, dass er sich vorbereitet. Die erste

Stufe der Vorbereitung ist, seine eigenen Gedanken zu kennen und sich selbst redefähig zu machen. Wer sich selbst, seine Gedanken und sein Thema nicht in- und auswendig kennt, blubbert. Das ist unhöflich dem Publikum gegenüber, wirkt langweilig und gleichzeitig ermüdend. Vor einer großen Rede steht die Mühe, die es mit sich bringt, sich selbst zu erkennen und in seinem Thema zuhause zu sein.

In den vorigen Kapiteln sind schon einige berühmte Namen gefallen. Cicero, Gysi und von Weizäcker wurden als Rhetoriker bezeichnet. Was haben diese Menschen gemeinsam? Sie lebten zu unterschiedlichen Zeiten, in unterschiedlichen Gesellschaften. Sie trugen andere Kleidung und hatten andere Anliegen. Ihre Gemeinsamkeit ist bis heute, dass sie Eindruck gemacht haben. Sie gehören zu denen, die andere, ja sogar weite Teile der Gesellschaft, beeinflussen konnten. Und sie waren vor allem authentisch. Sie waren und sind ihre eigene Marke.

Es gibt natürlich rhetorische Naturtalente. Manchen scheinen das überzeugende Sprechen und das Charisma in die Wiege gelegt zu sein. Doch auch, wenn du nicht zu diesen Menschen gehörst, hast du das Zeug zu einem guten Rhetoriker. Du musst deine verborgenen Kräfte nur wecken.

Wenn du ein überzeugender Redner sein willst, muss dein Redestil zu deiner Person und zu deinen Inhalten passen. Die rhetorischen Fähigkeiten hängen nicht von äußeren Faktoren ab. Schau dir allein Gregor Gysi an, der nicht einmal 1,70 Meter groß ist. Der kleine Mann hat eine Ausstrahlung und eine rhetorische Kompetenz, die ihn zu einem großen Redner macht. Der eher ruhige Richard von Weizäcker dagegen war von stattlicher Statur und stets viel besonnener und ruhiger als Gysi. Trotzdem gehörte auch er zu den großen Rhetorikern der Neuzeit.

Das Zauberwort ist „Authentizität". Der erste Schritt zu einer meisterhaften Rhetorik ist, dass alles, was deine Mitmenschen von dir wahrnehmen können, stimmig zusammenpasst.

Dazu gehören deine äußere Erscheinung, deine Mimik, deine Gestik und deine Rhetorik. Erst, wenn du als eine feste und harmonische Einheit wahrgenommen wirst, werden sich deine Zuhörer ganz dem Inhalt deiner Rede hingeben.

Dabei spielt es keine Rolle, ob du zierlich oder kräftig bist. Auch dein Alter, dein Geschlecht und dein Kleidungsstil ist unerheblich, wenn du ganz du selbst bist. Schau dir Reden von Steve Jobs und Jarson Lanier an. Während Jobs eher wie ein junger Spund daherkam, bringt Lanier schon allein körperlich ein gewisses Gewicht mit. Hinsichtlich der Überzeugungskraft gibt es allerdings keine Unterschiede. Das liegt daran, dass sie sie selbst sind. Alles, was der Zuhörer wahrnimmt, passt zusammen.

Die erste Voraussetzung, um ein Meister der Rhetorik zu werden, liegt also in der Authentizität.

Ermittle deinen Typ, bevor du dich mit den formalen Bedingungen für eine erfolgreiche Rhetorik befasst.

Wer bist du? Bist du eher der unkonventionelle Typ? Oder bist du der konservative Redner? Welchen Stil hat deine Kleidung? Passt dein Stil zu deiner körperlichen Erscheinung? Mache dir ein paar Notizen zu diesen Fragen und entscheide für dich, wen deine Zuhörer in dir sehen sollen. Bleib dir dabei treu und verstelle dich nicht.

4.2 Ermittle deinen Typ

Wir können Menschen nicht wirklich in Schubladen stecken. Trotzdem gibt es verschiedene Typen. Dabei gibt es keine Wertungen. Kein Typ ist besser oder schlechter. Wichtig ist, dass du „echt" wirkst. Rhetorik hat nichts damit zu tun, Masken zu tragen. Es handelt sich nicht um ein Theaterstück, sondern um das reale Leben.

Die folgenden Erläuterungen können dir helfen, deinen Typ herauszufinden, wenn du noch unsicher bist. Die folgenden Typen wurden ganz aktuell in einer umfassenden Studie mit mehr als einer Million Studienteilnehmern definiert. Die Typen werden bezeichnet als:

- durchschnittlich
- reserviert
- vorbildlich oder
- selbstzentriert

Der durchschnittliche Typ ist emotional nicht besonders stabil und leicht zu verletzen. Er ist ein geselliger Kumpel, aber nicht wirklich offen für neue Erfahrungen.

Der reservierte Typ ist nicht offen für neue Erfahrungen und auch nicht besonders gesellig. Er zeichnet sich durch eine große Kompromissbereitschaft aus und gilt als sehr gewissenhaft. Er hat nicht das Bedürfnis, seine eigenen Wünsche und Vorstellungen immer durchzusetzen.

Der vorbildliche Typ erfüllt alle Erwartungen an einen Sympathieträger. Er ist offen und gesellig, zuverlässig und außerdem nicht übersensibel hinsichtlich eigener Kränkungen.

Als letzten Typ haben die Psychologen den selbstzentrierten Menschen ermittelt. Er ist gesellig, aber es fehlt ihm an Empathie. Außerdem gilt er als eher rücksichtslos und unzuverlässig. Er nimmt Kränkungen sehr schwer und ist vor allem empfindlich hinsichtlich der eigenen Person.

Die meisten Typen kommen nicht in ihrer reinen Form vor. Jeder hat von jedem Typ etwas. Ein Typ überwiegt meist. Wenn du dem Geheimnis deines Persönlichkeitstyps näherkommen willst, solltest du darauf achten, welches Bild andere von dir haben. Das ist zwar nicht unantastbar, doch im Laufe der Jahre begegnen die meisten Menschen immer mehr Personen, die sie spiegeln. Ist jemand nur mit unzuverlässigen Menschen zusammen, scheint es irgendwie zu ihm zu passen. Wenn dir schon viele Freunde vorgeworfen haben, immer nur an dich selbst zu denken, könnte an den Vorwürfen was dran sein. Überprüfe, welches Feedback du bekommst. Selbstkritik ist wichtig, damit du weißt, wie du auf dein Publikum wirkst.

Sie sollen dich schließlich nicht als egozentrischen Spinner, aufgeblasenen Wichtigtuer oder Sprüchemacher sehen. Die beste Möglichkeit, deine eigene Wirkung zu erkunden ist, dein Umfeld zu befragen. Sammle die Ergebnisse und werte sie für dich aus. Wo stimmen alle überein? Was solltest du demnach an deiner Persönlichkeit und Ausstrahlung unbedingt bearbeiten, bevor du deine erste Rede hältst?

Die meisten Menschen entwickeln ein verstärktes Interesse an Rhetorik, sobald Sie eine Idee entwickelt haben, für die sie sich begeistern können. Wer ein neues Buch geschrieben hat oder von einer Geschäftsidee hingerissen ist, möchte seine Begeisterung mit anderen teilen. Unter Umständen sucht er auch Mitstreiter als Kunden, Geldgeber oder Manipulatoren.

Deine Idee ist so gut, dass du sie anderen nicht vorenthalten möchtest? Das ist gut so! Bedenke jetzt nur, dass du zwar jedes kleine Detail deiner Vision kennst, deine Zuhörer aber nicht. Mach dir alle Aspekte deiner Idee noch einmal deutlich. Das ist eine wichtige Vorarbeit für eine flammende Überzeugungsrede. Es gibt zahlreiche Methoden, mit denen du deine Idee noch stärken kannst. Sie alle sind besonders geeignet, um deine Vision noch besser darstellen zu können und deiner Rede die Würze zu verleihen, die sie braucht, um eine nachhaltige und starke Wirkung zu entfalten: Kreativität. Cicero sagte einmal: „Ich erwarte, dass der vollkommene Redner sich zunächst ein Thema ausfindig macht, womit er sich einer kultivierten Hörerschaft würdig zeigt, bevor er überhaupt einen Gedanken an Sprache und Ausdruck verschwendet.“

Das sind weise Worte, die du beherzigen solltest. Deshalb musst du dein Thema nicht nur kennen, du musst es auswendig, von allen Seiten und aller Tiefe kennen. Erst dann kannst du entscheiden, ob es ein würdiges Thema ist. Viele Ideen haben sich schon als sogenannte „Schnappsideen“ entpuppt, nachdem sie von mehreren Seiten beleuchtet wurden. Durchleuchte dein Thema. Das hat zwei Vorteile. Du erkennst, ob dein Thema einer intensiven und kritischen Prüfung standhält und du bist am Schluss bestens für deine Rede vorbereitet. Nutze eine der folgenden Methoden. Nimm dir dafür Zeit. Keine der Methoden wirkt zwischen Tür und Angel. Sie brauchen die Möglichkeit, sich in deiner Seele entfalten zu können.

- Brainstorming
- Mind-Mapping

Wenn du mit Hilfe eines Brainstormings oder eines Mind-Maps das Gefühl hast, dass die Grenzen zwischen dir und deiner Vision verschwimmen, bist du am Ziel. Dann ist deine Vision und du nicht mehr voneinander zu trennen. Das ist der Punkt, an dem die Idee nicht mehr aus dem Kopf geht. Du wirst unruhig, weil du deiner Idee endlich den Weg in die Welt ebnen willst. Such dir aus den drei genannten Methoden die aus, die am besten zu dir passt.

4.3 Brainstorming

Einführung

Kreative Ideen sind in Zeiten der Globalisierung ein wichtiges Gut. Nur mit Innovationen kann ein Unternehmen auf den Märkten dieser Welt Erfolg haben. Das Kreieren neuer Abläufe und die Weiterentwicklung bestehender Prozesse kann den entscheidenden kleinen Wettbewerbsvorteil vor der Konkurrenz bedeuten. Diese Potenziale erstrecken sich über alle Bereiche eines Unternehmens. Das fängt mit den inneren arbeitsorganisatorischen Abläufen an und erstreckt sich bis hin zu den Beziehungen mit Lieferanten und Kunden.

Um die Möglichkeiten zur Verbesserung der Marktposition abzurufen, ist es sinnvoll, die Kreativität und das eigene geistige Potenzial zu fördern. Eine der dafür genutzten Methoden in der Arbeitswelt ist „Brainstorming". Dabei kann man noch nach Individuellem- und Gruppen-Brainstorming unterscheiden. Allen Spielarten gemein, ist es Resultate zu erzielen, die sich kostensenkend, ertragssteigernd oder marktpositionssteigernd auswirken.

Was ist Brainstorming und wo kommt die Methode her?

Brainstorming ist eine Kreativitätsmethode. Sie wurde 1939 von Alex F. Osborn (amerikanischer Autor und

Werbefachmann) entwickelt und von Charles Hutchison Clark (amerikanischer Autor und Managementtheoretiker) ab 1958 überarbeitet.

Diese Methode nutzt das geistige Potenzial der Mitarbeiter eines Unternehmens basierend auf deren Erfahrungen. Dabei geht es darum, nach neuen Ideen und Lösungsvorschlägen zu suchen. Man spricht auch von einer Ideenfindungsmethode. Man kann unterscheiden zwischen individuellem Brainstorming, das heißt jeder denkt erstmal für sich allein nach und Gruppenbrainstorming, da werden Idee mit anderen gemeinsam visualisiert.

Individuelles Brainstorming

Man sammelt eigene Ideen. Das Strukturieren kommt später. Erstmal nur denken und alle Gedanken zulassen. Alle Ideen sollten notiert werden, denn bei vielen Gedankensprüngen kann es sein, dass der eine oder andere Gedanke verloren geht. Und vielleicht war es dann genau die eine Idee, die besser ist als die anderen.

Tipp

Nutze beim Brainstorming den kompletten Raum des Papiers. Lege es quer vor dich hin und schreibe kreuz und quer überall auf dem Papier deine Ideen auf. Erst wenn du deine gewohnten Denkbahnen verlässt, kannst du wirklich kreativ sein.

Gruppenbrainstorming

Beim Brainstorming in der Gruppe ist folgendes zu beachten. Es geht nicht darum systematisch zu diskutieren. Es ist vielmehr wichtig, vollkommen urteilsfrei und ohne Bewertung der ausgesprochenen Gedanken viele, auch scheinbar völlig abwegige, Ideen zu entwickeln. Eine Bewertung oder Diskussion der Ideen und eine mögliche Umsetzung folgt später. Brainstorming in der Gruppe ist wirkungsvoller als Brainstorming allein. Wenn du Vertraute hast, die bereit sind, mit dir ein Brainstorming für deine Vision durchzuführen, nutze die Gelegenheit unbedingt. Viele Augen sehen mehr als zwei. Außerdem können deine Helfer dir zeigen, welche Ansprüche und Erwartungen deine Zuhörer an dich haben werden. Ein Brainstorming in der Gruppe bringt die Ergebnisse, die hilfreich sind, um Nähe zum Publikum aufzubauen.

Übung für ein Gruppenbrainstorming

Zunächst ernennt Ihr einen Sitzungsleiter. Wenn Ihr bereits einen passenden Kandidaten habt, umso besser. Dann kann es losgehen. Der Sitzungsleiter leitet mit einer Darstellung des Problems ein. Die Fragestellung sollte für alle Teilnehmer klar und verständlich nachvollziehbar sein. Achtung: während des Ideenfindungsprozesses sollte der Sitzungsleiter nicht inhaltlich moderieren. Das heißt, er darf keine Wertung oder ähnliches vornehmen. Im weiteren Verlauf kann nun jeder von euch seine Ideen spontan äußern. Keiner sollte Kritik üben oder eine andere Form der Bewertung vornehmen. Mit dieser

Methode werdet ihr Ideen eurer Problemstellung entwickeln und sammeln. Sämtliche Vorschläge werden dabei für alle Teilnehmer sichtbar sofort notiert. Das Brainstorming in der Gruppe hat den Vorteil, dass sich die Teilnehmer oft durch ihre Beiträge gegenseitig zu neuen Ideen anregen. Insgesamt entstehen dadurch mehr Ergebnisse, als wenn jeder für sich allein nachdenkt. Jede Idee sollte euch willkommen sein. Jeder darf Ideen eines anderen aufgreifen und für eigene Gedankenspiele verwenden. Nach der Brainstorming-Sitzung solltet ihr die gesammelten Ideen geordnet in einem Protokoll darstellen. Dieses wird dann an die Teilnehmer eurer Sitzung und ggf. an weitere Spezialisten verteilt.

Deine Gedanken zum Brainstorming:

~

4.4 Mind-Mapping

Einführung

Mind-Maps können für viele unterschiedliche Anwendungsbereiche eingesetzt werden. Man kann sie für Präsentationen, Vorträge und auch für Plakate verwenden. Thematisch sind dem Mind-Mapping keine Grenzen gesetzt. Einsatzmöglichkeiten sind beispielsweise Schule, Wirtschaft und auch die Wissenschaft.

Was ist Mind-Mapping und wo kommt die Methode her?

Mind-Mapping ist eine kognitive Technik, um ein Themengebiet visuell zu erschließen und darzustellen. Dabei sollen Gedanken frei fließen können und die Fähigkeit des Gehirns zur Kategorienbildung genutzt werden. Diese Kreativitätsmethode wurde von dem englischen Autor und Trainer Tony Buzan ab 1971 entwickelt. Im Jahr 1997 erschien dann das Mind-Map-Buch von ihm.

Tipp

Um möglichst viele Inspirationen für ein Thema zu bekommen, verbindest du am besten Brainstorming und Mind-Mapping. Dank des Mind-Mappings fließen deine Ideen nicht nur ungefiltert, sondern bekommen gleichzeitig eine

Struktur. Beide Verfahren sind einfach, dabei jedoch äußerst effektiv.

Übung zum Mind-Mapping

Nimm dir ein Blatt Papier DIN A4 im Querformat. Wenn du besonders gut drauf bist oder einfach dir mal die Zeit nimmst, kannst du auch ein größeres Blatt im DIN A3-Format wählen. In die Mitte schreibst du dein zentrales Thema. Notiere dir um das Thema herum verschiedene Unterpunkte. Dies sind die weiteren Ideen, welche dir einfallen. Dann folgen weitere Punkte zu den Unterpunkten. Wenn du Brainstorming und Mind-Mapping miteinander verbindest, entsteht auf deinem Blatt Papier ein prachtvoller Ideenbaum mit vielen Ästen und Zweigen. Dabei zeigt sich sehr schnell, wo du noch Lücken in deinem Konzept hast. Dort wo die Äste noch dünn sind, fehlt es noch an Ideen.

Du hast jetzt das Gefühl, dein Thema von allen Seiten zu kennen? Dann bist du fast so weit, dass du eine Rede vorbereiten kannst.

Das Eisbergmodell und der Redner

Wir haben oben vom Eisbergmodell gesprochen. Rhetorik will das Unbewusste des Zuhörers ansprechen und seine verborgenen Sehnsüchte, Wünsche und Ängste ansprechen. Doch nicht nur Zuhörer sind Eisberge, Redner sind es auch. Untersuche deine eigenen Einstellungen zum Erfolg. Dein

Unbewusstes kann sich im ungünstigen Fall zwischen dich und deinen Erfolg als Redner stellen.

Vervollständige die folgenden Sätze:

- Erfolg ist für mich....

- Wenn ich früher Erfolge hatte, fühlte ich mich....

- Erfolg macht neidisch, darum werde ich....

- Erfolg hat nur, wer....

- Sobald sich mein Erfolg einstellt, werde ich...

Erst, wenn dein Unbewusstes weiß, wie wunderbar, erstrebenswert und natürlich Erfolg ist, kannst du dich darauf verlassen, erfolgreich zu sein.

Es geht los. Du kannst deine Rede jetzt bauen. Jetzt kannst du auf die Weisheit von Descartes hoffen, der sagte: „Diejenigen, welche die größten Verstandeskräfte besitzen und ihre Gedanken am besten ordnen, um sie klar und verständlich zu machen, können stets am überzeugendsten reden, selbst wenn sie niemals etwas von Rhetorik gehört haben."

Bauen ist hier genau das richtige Wort. Bevor du deine Rhetorik abschließend perfektionierst, brauchst du zuerst Material. Dieses Material ist deine Rede. Es gibt im Wesentlichen drei große Modelle für den Aufbau einer Rede. Dabei gilt für alle Modelle, dass du höflich dem Publikum gegenüber bleibst. Langeweile und Unverständlichkeit sind die Todsünden eines jeden Vortragenden. *„Eine gute Rede ist eine Ansprache, die das Thema erschöpft, aber keineswegs die Zuhörer."* (Winston Churchill)

4.5 Die Überzeugungsrede

Rhetoriker wollen meist Überzeugungsreden halten. Dabei geht es darum, Menschen zu erschüttern, zu ergreifen und ihren Blick auf das Thema zu verändern. In der berühmten Rede von Martin L. King, aus der das Zitat „I have a dream“ bis heute überliefert ist, ging es darum, auf die Diskriminierung von Menschen wegen ihrer Hautfarbe aufmerksam zu machen. In der Überzeugungsrede gehst du ganz gezielt auf das Unbewusste deiner Zuhörer zu. Du sprichst Ihre Gefühle an. Sie sollen sich mit dir solidarisieren. Viele Experten empfehlen, in einer Überzeugungsrede das Problem so stark auszuweiten, dass jeder Zuhörer es nahezu körperlich fühlen kann. Dann erst kommt die Lösung. Der Effekt, der erreicht werden soll ist, dass deine Zuhörer das Gefühl entwickeln, von dir verstanden zu werden. Du wirst einer von Ihnen, denn du weißt, wie es Ihnen geht. Deshalb werden sie dir die Lösung zutrauen. Sie fühlen sich bei dir an der richtigen Adresse.

Ein wichtiger Bestandteil der Überzeugungsrede sind Beispiele. Das folgende Thema eignet sich gut für eine Verdeutlichung. Nehmen wir an, du suchst Sponsoren für ein Hilfsprojekt, dass Kinder von alleinerziehenden Müttern unterstützen soll. Zähle alles auf, was diesen Kindern fehlt. Allerdings reicht hier keine bloße Liste. Bilder mit ausgefeilten Details sind in einer Überzeugungsrede gefordert:

„Wir wollen verhindern, dass Kinder am Rand stehen müssen, wenn andere Kinder ihre neuen Spielsachen präsentieren. Wir machen Schluss damit, dass arme Kinder sich schämen, wenn sie nach ihren Weihnachtsgeschenken gefragt werden. Das mulmige Gefühl, wenn man nach den großen Sommerferien hofft, nicht nach seinem Urlaub gefragt zu werden, wollen wir beenden. Stellen Sie sich vor, wie es einem Kind geht, dass immer nur Ausgrenzung erlebt. Es versteht den Grund nicht. Es hat seine Situation nicht verursacht. Trotzdem gehört es schon in sehr jungen Jahren zu denen, die nicht mitmachen dürfen. Die Einsamkeit und Trauer dieses Kindes gehen unter die Haut."

Hier findet der folgende Prozess statt: Die Zuhörer fühlen die Ohnmacht und die Trauer des Kindes. Sie wollen diesen Zustand beenden, denn es handelt sich um Gefühle, die niemand gernhat. Wenn du als Lösung einen Spendenkorb herumgehen lässt, können sie sich von ihren belastenden Gefühlen befreien.

Es kann in einer Überzeugungsrede auch darum gehen, die Probleme deines Publikums zu benennen. „Haben Sie es satt, dass am Ende des Monats kaum noch Geld auf dem Konto ist? Ich kenne das gut. Trotz harter und intensiver Arbeit muss man sich den verdienten Luxus versagen. Die Festkosten fressen den größten Teil des Einkommens. Es scheint, als rolle man einen Stein bergauf. Ein Ende der Plackerei ist nicht in Sicht. Dabei wird man älter und älter und langsam erkennt man, dass herkömmliche Arbeit nicht die Lösung ist. Mein Angebot für Ihr Passiveinkommen macht Schluss mit Schufterei und Geldmangel. Buchen Sie den Infokurs und erfahren Sie, wie Sie in Zukunft für Ihren Einsatz das bekommen, was Ihnen zusteht."

In der Überzeugungsrede geht es nicht um logische Argumente oder Statistiken. Es geht um Gefühle. Noch genauer gesagt geht es um Gefühle, die der Hörer loswerden will. Zeig ihm den Ausweg, den er schon lange sucht. So wirst du für ihn zu einem wichtigen Unterstützer.

Als Grundgerüst für eine Überzeugungsrede kannst du dich an das folgende Schema halten:

1. Einleitung mit Vorstellung deiner Person, die schon das Problem anspricht.

„Auch ich habe mich lange nach einer Möglichkeit umgesehen, dem Hamsterrad aus Stress und Mühe zu entkommen.“

Beachte: Hier gibst du dich als eine Person aus, die im gleichen Boot sitzt wie deine Zuhörer. Das schafft Verbundenheit, eines der Grundbedürfnisse des Menschen.

⇨ Deine Einleitung:

2. Rhetorische Frage

„Wollen Sie nicht auch endlich mehr Freizeit, mehr Geld und mehr Spaß statt immer nur Arbeit erleben?

Beachte: dein Zuhörer soll ein klares „Ja, ich will“, eine eindeutige Zustimmung bei sich fühlen. So bekennt er sich nicht nur zu deiner Lösung, sondern vor allem zu dir.

⇨ Deine rhetorische Frage:

3. Darstellung des Problems mit mindestens drei emotionalen Beispielen wie oben beschrieben.

⇨ Deine emotionalen Beispiele:

1.

2.

3.

…

4. Drei Argumente für deine Lösung

„Sie arbeiten von zuhause aus und sparen den Weg ins Büro."

„Sie entscheiden, wie viel Sie verdienen wollen."

„Sie können Ihre Arbeitszeit an Ihre persönlichen Bedürfnisse anpassen."

„Sie helfen mit Ihrem Produkt vielen Menschen."

„Sie haben in Zukunft mehr Zeit und Geld, um Ihre Familie zu verwöhnen.“

Beachte: Nutze immer ein klares Statement. Triff eine einfache Aussage. „Sie können“, „Sie könnten“ etc. lösen die Bindung, die du aufgebaut hast, wieder.

⇨ Deine Argumente:

1.

2.

3.

...

5. Aufforderung zum gemeinsamen Handeln

„Lassen Sie uns endlich Freiheit und Erfolg genießen“

„Lassen Sie uns der Welt dieses einzigartige Produkt zeigen.“

„Gehen wir gemeinsam in eine vollkommen neue Richtung, in Richtung Erfolg!“

⇨ Deine Aufforderung:

Beachte: Hier wird noch einmal die Lösung präsentiert und die Verbundenheit wird gefestigt.

6. Call to action

Vorgabe des nächsten Schritts.

„Tragen Sie sich in die Liste für den ersten Händlerworkshop ein."

„Nehmen Sie das umfassende Trainingsprogramm nach heute mit nach Hause."

„Füllen Sie Ihre Anmeldung aus, damit Sie auf dem Laufenden bleiben."

Beachte: Das Ende der Überzeugungsrede dient dazu, dass selbst die Unentschiedenen keine Ablehnung äußern können. Es wird eine Aktion angeboten, die die Bindung verstärkt und gleichzeitig dafür sorgt, dass du auch in Zukunft einen Kontakt zu deinen Zuhörern hast. So baust du nach und nach eine eigene Fangemeinde auf.

⇨ Dein „Call to action":

Eine Überzeugungsrede kannst du nur halten, wenn du überzeugt bist. Sammle Beispiele für das Problem. Du darfst hier auch Geschichten erzählen. So könntest du beim Thema der armen Kinder die Geschichte eines einzigen Kindes erzählen, dass sich wegen seiner Armut immer und immer wieder schämt, bis es eines Tages einfach wegläuft und in die Fänge schlechter Menschen gerät. Oder gar Depressionen bekommt und als Teenager eine Sucht entwickelt.

Im zweiten Thema, dem Wunsch nach einer besseren Arbeit, könnte das Beispiel ein Familienvater sein, der sich seiner Familie durch die Arbeit so lange entfremdet, bis er eines Tages nach Feierabend eine leere Wohnung vorfindet.

Erstelle dir vor deiner Rede eine Beispielsammlung und teste die einzelnen Beispiele auf ihre Wirksamkeit, indem du sie laut vor dem Spiegel erzählst. Manchmal finden sich auch Beispiele in Tageszeitungen und sogar in Kurzgeschichten und Romanen.

Auch Argumente solltest du im Vorfeld suchen. Durchforste dein Thema und sammle alle positiven Aspekte, die dir einfallen. Das können auch Aspekte sein, die dir vollkommen selbstverständlich scheinen. Für dein Publikum könnte ein ganz kleines Argument das Zünglein an der Waage sein.

Sammle alles, was dir einfällt. Am Schluss deiner Sammlung suchst du die drei stärksten Argumente aus. Diese präsentierst du in deiner Rede so, dass das wichtigste Argument am Schluss steht. Rein psychologisch ist es nämlich so, dass das Ende länger im Gedächtnis bleibt.

Übe die Überzeugungsrede, wenn du ein exzellenter Redner werden willst. Die folgenden Themen eignen sich gut:

- Vegetarisches Leben bzw. Fleisch essen
- Verbot von Plastikverpackungen in Supermärkten
- Abschaffung der Hundesteuer

Wenn du ein wirklich großer, brillanter und starker Rhetoriker werden willst, dann folge dem Beispiel von Cicero, dass du oben bereits gelesen hast. Bereite eine Rede zu einem Thema vor, hinter dem du nicht stehen kannst. So lernst du, Argumente zu sammeln und Beispiele zu finden. Diese Übung solltest du dir auf jeden Fall gönnen, denn sie kann dich zu einem wahren Redekünstler werden lassen, wenn es um Inhalt und Form geht. Selbstverständlich solltest du eine solche Rede nicht vor Publikum halten, denn gemäß des Eisbergmodells würden deine Zuhörer merken, dass du nicht authentisch bist.

Mögliche Themen sind:

- Verbot von Berufstätigkeit für Singles
- Abschaffung der Schulpflicht
- Führerscheinentzug für Falschparker

4.6 Die klassische Rede nach Korax

Obwohl sich die Rhetorik seit der Zeit der alten Griechen stark verändert hat, spielen ihre Ansätze immer noch eine bedeutende Rolle.

Die klassische Rede, die Korax auf Sizilien ausgearbeitet hat, besteht aus fünf Schritten.

1. Einleitung
2. Erläuterung des Sachverhalts
3. These und deren Beweis, Widerlegung von Gegenargumenten
4. Umfeld des Themas
5. Schluss

Die klassische Rede ist weit weniger emotional als die Überzeugungsrede. Trotzdem gilt auch hier, dass die Zuhörer emotional angesprochen werden müssen. So wird bei der Erläuterung des Sachverhalts ein Beispiel, eine kleine Story oder eine persönliche Anekdote eingebaut. Die These stellt dar, was du dem Publikum vermitteln willst. Einige Beispiele sind *„Mit diesem Produkt werden Sie reich“*, *„Meine Methode befreit Sie von Stress“* oder *„Diese Geldanlage hilft Ihnen dauerhaft zu einem Leben im Luxus“*.

4.7 Die Stehgreifrede

Die Stehgreifrede stellt einen hohen Anspruch an den Redner. Sie ist immer dann wichtig, wenn keine Zeit für eine intensive Vorbereitung vorhanden ist. Stell dir vor, du hast deinen Chef um einen Termin gebeten, weil du eine Neuerung im Betrieb vorschlagen willst. Er hat dir zu verstehen gegeben, dass er zurzeit sehr beschäftigt ist. Also stellst du dich darauf ein, dass du ein paar Tage Zeit hast, bis du ihn mit einer Überzeugungsrede ins Bild setzen kannst. Eines Morgens, vollkommen unvorbereitet, ruft er dich ins Büro. Einer seiner Termine ist kurzfristig ausgefallen. Er will jetzt wissen, worum es bei deinem Vorschlag geht. Wenn du in der Lage bist, eine Stehgreifrede zu halten, erwischt er dich damit nicht auf kaltem Fuß.

Trainiere die Stehgreifrede, damit du immer und überall ein eloquenter Verteidiger deiner Vision sein kannst.

Eine Stehgreifrede hat keine Vorbereitungszeit. Du kannst aber schon beginnen, diesen Redestil zu üben. Die größten Erfolge wirst du erzielen, indem du ein festes Muster für mögliche Redeanlässe vorbereitest.

Hier kann dir der folgende Leitsatz helfen.

„Ich habe in meiner Funktion als A eine Lösung für Problem B gesucht. Die folgenden drei Vorteile ergeben sich daraus. ... (hier werden jetzt die Vorteile aufgelistet)

Einen solchen Leitsatz solltest du im Vorfeld für alle deine Anliegen formulieren. Setz dich dafür konzentriert hin und bereite dich vor. Übe deine spontane Rede auch vor dem Spiegel (so standardmäßig es auch klingen mag – aber es ist tatsächlich äußerst wirksam). Schmücke deine Rede immer weiter aus, so dass aus dem Satz ein kleiner Vortrag wird, den du in jeder beliebigen Situation abrufen kannst.

Von einer Spontan- oder Stehgreifrede spricht man auch, wenn du während einer Feierlichkeit oder einem Treffen mit Freunden aufgefordert wirst, etwas über deine Vision zu erzählen. Du bist im Freizeitmodus und willst endlich abschalten, doch das Interesse deiner Gesellschaft ist so groß, dass du die Chance nutzen solltest. Um unterhaltsam und erfolgreich zu sein, brauchst du kleine Geschichten, Anekdoten und vielleicht auch den einen oder anderen geschmackvollen Witz. Hierfür solltest du dir eine Sammlung anlegen. Suche im Internet nach Anekdoten, die zu deiner Vision passen. Schreibe sie mit deinen eigenen Worten auf und erzähle sie dir selbst, immer und immer wieder. Du solltest das Gefühl haben, sie immer parat zu haben. Diese kleinen Geschichten machen dich zu einer angenehmen und unterhaltsamen Gesellschaft. Auf diese Art kannst du deine Vision zu vielen Anlässen anbringen, ohne deiner Umgebung auf den Wecker zu fallen. Um eine gute Stehgreifrede zu halten, brauchst du die gleichen Vorbereitungen, die du auch für eine Überzeugungsrede triffst. Du weißt nur nicht, wann dein großer Auftritt stattfinden wird. Formuliere einen Einleitungssatz und einen Schlusssatz sowie eine Anekdote oder ein Beispiel. Lerne diese drei Teile auswendig, damit du während deiner Stehgreifrede auf ein Gerüst zugreifen kannst. Du darfst im Einleitungssatz auch darauf hinweisen, dass du unvorbereitet bist. Das wirkt charmant und weckt Sympathie. Und dein Zuhörer wird begeistert sein, wenn du eine druckreife spontane Rede sprichwörtlich aus dem Hut zauberst.

4.8 Die Sache mit dem Lampenfieber

„US-Talkmaster Dick Cavett bekennt, dass er vor jeder Fernsehsendung nervös ist. Einmal mehr, einmal weniger. Sein Rat: Nehmen Sie Lampenfieber nicht so tragisch! Es dringt weniger nach außen, als Sie denken. `Sie sollten einfach wissen: Von dem, was Sie fühlen, sieht der Zuschauer nur ein Achtel. - Wenn Sie innerlich ein bisschen nervös sind, sieht das kein Mensch. - Wenn Sie innerlich sehr nervös sind, sehen Sie nach außen ein bisschen nervös aus. - Und wenn Sie innerlich außer Kontrolle geraten sind, wirken Sie vielleicht ein wenig bekümmert. Nach Außen dringt alles weit weniger krass, als Sie es selbst empfinden. Jeder, der in einer Talkshow erscheint, sollte sich selbst daran erinnern: das, was er tut, sieht besser aus, als er es empfindet... Ihre Nerven mögen Ihnen tausend Elektroschocks verpassen, der Zuschauer sieht bloß ein paar Zuckungen.`" (Quelle: zitate.de)

Cavett macht Mut. Seine Beobachtungen stimmen. Wer stark unter Lampenfieber leidet, kann trotzdem souverän und ruhig scheinen. Das ist eine wesentliche Erkenntnis für jeden, der sich mit Lampenfieber herumplagen muss.

Anspannung und Stress gehören zum Erfolg. Erich Kästner behauptet, wenn einer keine Angst hat, hat er keine Fantasie. Ein Redner ohne Fantasie wäre eine Katastrophe für sein Publikum. Wer alles locker nimmt und sich keine Gedanken um ein potenzielles Scheitern macht, übersieht bisweilen den Ernst der Lage.

Dieter Thomas Heck nannte das Lampenfieber einmal die Achtung vor dem Publikum. Lampenfieber entsteht, weil der Körper Hormone ausschüttet, die uns in eine „Hab-Acht-Stellung" versetzen. Wir sind bereit, alles zu geben. Wir konzentrieren uns vollkommen auf unsere Aufgabe und wollen um jeden Preis gewinnen. Alles läuft auf Hochtouren, wir sind auf dem Sprung, um unseren Sieg zu erringen. Doch jeder Held, der einen Funken Verstand hat, wird sich der Risiken seines Vorhabens bewusst sein. Genau aus diesem Grund entsteht Lampenfieber. Wir wissen, dass wir nur diese eine Chance haben und wollen auf keinen Fall scheitern. Damit sorgt die gesunde Anspannung vor deiner Rede dafür, dass du dir keine Nachlässigkeiten erlaubst. Deshalb ist Lampenfieber vor einer Rede ganz normal. Wichtig ist nur der richtige Umgang mit dem Gefühl, seiner Sache nicht mehr sicher zu sein.

Lampenfieber darf und soll nicht zu Selbstzweifeln führen. Damit es beim gesunden Lampenfieber bleibt und nicht zu schädigendem Stress führt, brauchst du ein gesundes Selbstwertgefühl. Wenn du dein Selbstwertgefühl stabilisieren willst, solltest du nach geeigneten Methoden suchen. Es gibt viele gute Publikationen, in denen du wirksame Übungen findest. Stärke dein Selbstwertgefühl, bevor du dich vor das Publikum traust. Handelt es sich bei dir um das gesunde Lampenfieber, kannst du die folgenden Tipps befolgen, um dich selbst ein wenig zu beruhigen. Du musst das Lampenfieber annehmen, um es überwinden zu können. Dieter Lange sagt mit seinen Worten: „du musst durch die Angst hindurchgehen, um die Angst zu besiegen. Wer Angst hat, vor Publikum zu sprechen, muss vor Publikum sprechen."

Wenn du mit deinem Selbstwertgefühl zufrieden bist, aber nach Wegen suchst, das Lampenfieber in den Griff zu bekommen, findest du hier wichtige Anregungen. Bitte achte darauf, dass du dich schon einige Zeit vor deinem großen Auftritt mit diesen Tipps befassen solltest. Am Abend vorher bleibt kaum noch die Möglichkeit, diese wichtigen Faktoren zu integrieren.

Zum Lampenfieber kommt häufig noch die Angst vor dem Lampenfieber hinzu. Diese Angst resultiert daraus, dass du dir vorstellst, du könntest plötzlich ein Blackout haben, stottern oder deine Stimme verlieren. Diese Angst vor dem Lampenfieber solltest du zuerst angehen. Manche stellen sich vor, das Publikum würde gähnen und einschlafen, andere wieder haben die böse Vorahnung, ausgebuht oder verlacht zu werden. Du musst und kannst diese Bilder zuerst umwandeln. Stell dir vor, du bist erfolgreich. Schaffe in dir selbst ein Bild von deiner Redesituation. Stell dir vor, dass das Publikum Blickkontakt hält und dir konzentriert zuhört. Dann stellst du dir vor, dass du einen Fehler machst. Wie reagiert das Publikum in deiner Vorstellung? Was wünscht du dir? Lass vor deinem inneren Auge ein freundliches Bild entstehen. Die

Zuhörer nicken dir aufmunternd zu und lächeln dich an. Sie sind gekommen, um dich zu hören. Mach dir das bewusst. Wenn sie kein Interesse an deinen Ausführungen hätten, wären sie nicht im Publikum.

Wenn du weißt, dass das Publikum überwiegend wohlwollend ist, kannst du dich auf das eigentliche Lampenfieber konzentrieren. Folgende Symptome wirst du wahrnehmen.

Dabei müssen nicht alle Anzeichen gleichzeitig auftreten:

- deine Atmung wird flach.
- du hast das Gefühl, nicht mehr richtig denken zu können.
- du bekommst einen Tunnelblick.
- du schwitzt.
- Der Herzschlag wird schneller und stärker.
- Blutdruck und Muskelspannung steigen spürbar an.
- deine Pupillen weiten sich.
- dein Organismus schüttet Adrenalin aus.
- Der Fluchtinstinkt setzt ein.

In einer Situation, in der eine reale Bedrohung besteht, würdest du jetzt die Beine in die Hand nehmen und machen, dass du wegkommst. Leider ist das für einen Rhetoriker nicht die angemessene Reaktion. Dir bleibt nichts übrig, als dein Lampenfieber zu überwinden.

4.8.1 Drei Ängste sind die Hauptursachen für all die unangenehmen Reaktionen

Die erste Angst ist die Angst vor dem Versagen. Die zweite Angst, die zu Lampenfieber führen kann, ist die Angst, sich lächerlich zu machen und die dritte Angst ist die Angst davor, ausgestoßen zu werden. Welche Angst die größte ist, hängt sehr stark mit der Prägung in der Kindheit zusammen. Je nachdem, welche Gefühle du mit einem Scheitern, einer peinlichen Situation oder einem Ausschluss aus der Gruppe verbindest, wird die eine oder die andere Angst überwiegen.

Oft lassen sich die drei Ängste nicht klar voneinander abgrenzen. Ihre Übergänge sind fließend.

Nutze beim Auftreten von Lampenfieber die **BRAVO-Methode**, mit der auch versierte Redner ihren Stress in den Griff bekommen. BRAVO ist eine Abkürzung. Die Methode besteht aus fünf Schritten:

- **B wie Bewegung**

Reduziere den Fluchtimpuls, indem du etwa zwei bis drei Minuten vor deinem Auftritt für Bewegung sorgst. Notfalls gehst du in deinem Vorbereitungsraum im Kreis oder einfach immer wieder auf und ab. Dadurch baust du einen Teil des überflüssigen Adrenalins ab.

- **R wie Ruhe**

Führe eine kurze Atemübung durch. Auch eine kurze Reise zu einem Traumort in deiner imaginären Welt kann helfen, dich zu entspannen.

- **A wie Affirmation**

Erstelle dir eine Affirmation. Sprich sie halblaut vor dich hin, nachdem du deine Ruhe gefunden hast. Eine mögliche Affirmation ist: „Ich schaffe das." Auch „Ich werde das Publikum überzeugen" oder „Meine Idee ist es wert, verbreitet zu werden" können als Affirmation dienen.

⇨ Deine Affirmation:

(in der folgenden Checkliste erhältst du 3 Beispiele)

- **V wie Visualisierung**

Stell dir vor deinem inneren Auge den Applaus des Publikums vor. Übertreibe es nicht, aber sei dir sicher, dass dein Vortrag mit Applaus enden wird.

- **O wie Offensive**

Es geht los. Jetzt kannst du auf die Bühne treten und den Stier bei den Hörnern packen. Du schaffst das.

Lerne die einzelnen Schritte der BRAVO-Methode auswendig, damit sie dir vor deiner Rede zur Verfügung stehen. Du kannst sie auch auf einen Zettel schreiben, den du in deiner Hosentasche bei dir trägst. Sie eignet sich für die letzten Minuten vor deiner Rede.

Checkliste für eine souveräne Redehaltung:

Die folgenden Tipps helfen dir, dein Lampenfieber in den Griff zu bekommen. Erwarte nicht, dass es verschwindet, denn ein abgebrühter Redner ist kein guter Redner. Coolness des Redners würde bedeuten, dass er seine Zuhörer nicht emotional begeistern kann. Das Publikum will einen Menschen vor sich haben, keine Maschine.

1. Nimm eine positive Haltung gegenüber der Situation ein. Du freust dich, dass du deine Überzeugungen mit anderen Menschen teilen darfst.

2. Erarbeite eine positive Affirmation und nutze sie täglich. Beginne mit deiner Affirmation schon heute. Sie beeinflusst dein Unbewusstes positiv und wirkt unbemerkt. Auch du bist ein Eisberg und solltest nicht nur deine Zuhörer und Mitmenschen unterhalb der Oberfläche erreichen, sondern auch dich selbst. Einige Vorschläge für positive Affirmationen sind:

   „Ich kann andere von meinen Ideen wirkungsvoll begeistern."

   „Ich kann klar und zielsicher ausdrücken, was ich sagen will."

   „Ich werde mit jedem Schritt, den ich gehe, Erfahrungen sammeln und damit immer besser werden."

3. Plane ausreichend Vorbereitungszeit ein, wenn du eine Überzeugungsrede halten willst. Arbeite lieber täglich an deiner Rede als stoßweise. So gewöhnst du dich besser an den Gedanken, vor Publikum sprechen zu wollen.

4. Mach dich mit den Gegebenheiten deiner Redeumgebung vertraut. Übe den Anfahrtsweg, schau

dir die Räumlichkeiten vorher an, wenn möglich.

5. Visualisiere dich als Redner vor deinem inneren Auge.

6. Visualisiere den Applaus der Zuhörer täglich ein paar Minuten lang.

7. Lerne eine Entspannungstechnik und Atemübungen, die du kurz vor der Rede anwenden kannst.

4.9 Wenn es ernst wird – Die ersten Sekunden der Rede

Wenn du auf der Bühne stehst, wirst du trotz der allerbesten Vorbereitung ein wenig Lampenfieber haben. Die Symptome können unangenehm sein. Die ersten Momente der Rede solltest du in jedem Fall nutzen, um dir ein freundliches Gesicht im Publikum zu suchen.

Einem trockenen Mund kannst du begegnen, indem du regelmäßig einen kleinen Schluck Wasser trinkst. Achte darauf, dass stilles Wasser und ein Glas auf der Bühne stehen. Zitternde Hände wollen beschäftigt werden. Karteikarten oder ein Handschmeichler, den niemand sieht, können helfen. Eine ausladende Gestik baut Spannungen ab und lässt das Zittern verschwinden. Verzichte auf DIN A4 Papier, denn das zittert einfach mit. Kleine Pappkarten sind besser geeignet.

Herzklopfen wird schwächer, wenn du dich während deines Vortrags auf deine Atmung konzentrierst. Bemühe dich, in Redepausen einmal oder auch mehrmals einen tiefen Atemzug in den Bauch zu machen. Das entspannt deinen ganzen Organismus. Ein weiteres, sehr unangenehmes Symptom ist das Schwitzen. Achte darauf, Naturfasern zu tragen, denn Kunstfasern verstärken Schweißausbrüche. Trage helle Farben. Schweiß sieht man auf dunkler Kleidung eher.

5 Was zeichnet eine gute Rede aus?

Eine gute Rede zeichnet sich dadurch aus, dass die Zuhörer an keiner Stelle den Faden verlieren. Sie ist also fesselnd und führt dein Publikum zielsicher an den Punkt, an dem du es haben möchtest.

5.1 Das Geheimnis der Kongruenz

Kongruenz bezeichnet die Einheit zwischen dem verbalen Ausdruck und dem Inhalt dessen, was der Sprecher mitteilt. Ein Beispiel für die Bedeutung der Kongruenz liegt in der bekannten Redensart: „Wasser predigen und Wein trinken“.

Mit einfachen Worten ausgedrückt, brichst du die Regel der Kongruenz, wenn du:

- für eine Spendenaktion wirbst, die Kindern in den Entwicklungsländern Bildungschancen eröffnen soll und selbst eine Rolex trägst und im Ferrari vorfährst

- dich als Mann für die Gleichbehandlung der Geschlechter einsetzen willst und in deine Rede einfließen lässt, dass du in Gedanken bei deiner Frau bist, die schon mit dem Essen auf dich wartet

- dich für eine Geschäftsidee stark machst, die aus deinen Mitstreitern Millionäre machen wird und du unrasiert und mit schlechtsitzender Frisur auftrittst.

Kongruenz ist wichtig, damit deine Zuhörer dir überhaupt folgen können. Wenn sie spüren, dass zwischen dir und deinem Thema keine Übereinstimmung besteht, werden sie unsicher und stellen sich Fragen. Sie werden sich unwohl fühlen und können sich dir und deiner Idee nicht wirklich hingeben. Das führt dazu, dass du sie nicht emotional berühren wirst. Sie lassen deine Ausführungen nicht in ihr Unbewusstes absinken. Du bleibst in ihrem Kopf, erreichst aber nicht ihre Herzen.

Kongruenz muss auf den folgenden Ebenen herrschen:

Haltung

Es macht keinen Sinn, ein Fitnessprogramm anzupreisen, wenn du eher wie eine Couch-Potato wirkst.

Ausstrahlung

Wenn du anderen Erfolg und Gewinn versprichst, solltest du ausstrahlen, dass du bereits ein erfolgreicher Gewinner bist.

Mimik/ Gestik

Voller Begeisterung kann niemand sein, der hängende Mundwinkel und die Hände in den Hosentaschen hat.

Outfit

Wenn es zu deinem Thema kein spezielles Outfit gibt, dann wähle ein so dezentes Outfit, dass deine Zuhörer nicht von deiner Rede abgelenkt werden.

Inhalte

Deine Inhalte werden von deiner Ausstrahlung, deiner Haltung, von Mimik und Gestik sowie vom Outfit unterstrichen.

Form der Rede

Eine Überzeugungsrede darf flammend wirken, nicht beruhigend. Deshalb arbeitest du mit kurzen, knackigen Sätzen und wechselnder Lautstärke.

Wenn du jetzt denkst, dass du die oben genannten Punkte einfach wie mit einer Checkliste abarbeiten kannst, täuscht du dich. Kongruenz muss von innen kommen. Es geht nicht um das „Vorspielen einer Überzeugung". Es geht um das Sein. Hier können dir deine Vorbereitungen helfen. Wenn deine Idee dir in Fleisch und Blut übergegangen ist, fällt Kongruenz viel leichter. Halte deine Rede erst, wenn du für dich sagen kannst: „Ich lebe in meiner Vision und meine Vision lebt in mir.“

Das Was des Redners, also der Inhalt, ist im Vergleich zum Wie, also der Präsentation und Form deutlich geringer gewichtet. Wenn es darum geht den Zuhörer für sich zu gewinnen, dann geschieht das über das Unbewusste. Hier müssen die Grundbedürfnisse der Zuhörer angesprochen werden.

5.2 Ein kleiner Exkurs in Menschenkenntnis

Wer Menschen begeistern will, muss wissen, wie Menschen ticken. Es hält sich zwar jeder für ein unverwechselbares Individuum, doch haben wir, ebenso wie alle anderen Tierarten, vieles gemeinsam. Vor allem Personen aus dem gleichen Kulturkreis und der gleichen Generation sind sich oft viel ähnlicher, als man auf den ersten Blick vermuten würde. Wäre das nicht so, könnte auch kaum eine Form des Zusammenlebens gefunden werden, die von der Mehrheit akzeptiert werden kann. Eigentlich gibt es zwischen Menschen nur verhältnismäßig kleine Unterschiede. Im Grunde sind sie sich sehr ähnlich. Alle wollen wachsen, alle wollen Anerkennung und alle wollen in Frieden leben. Ausnahmen sind selten und müssen hier nicht berücksichtigt werden. Die Ähnlichkeit unter den Menschen ist logisch. Nach der Geburt werden die meisten Kinder auf eine sehr ähnliche Art und Weise geprägt. Sie lernen soziales Verhalten. Sie besuchen Kindergärten und Schulen, die nach dem gleichen Prinzip funktionieren und treten in eine Berufswelt ein, die überall nach dem gleichen Muster aufgebaut ist. Sie essen in den gleichen Restaurants, kaufen in den gleichen Geschäften ein und nehmen die gleichen Medieninhalte wahr. Ein großer Vorteil der Psychologie ist, dass sie Menschenkenntnis vermitteln kann. Im Rahmen vieler psychologischer Beobachtungen entstanden Theorien, die auf Antwort auf die Frage gelten: Was will der Mensch?

Die Maslowsche Bedürfnispyramide

In der ersten Hälfte des 20. Jahrhunderts hatte die Psychologie ein eher pessimistisches Menschenbild. Viele betrachteten den Menschen als eine seelenlose Maschine. Der amerikanische Psychologe Abraham Maslow (1908–1970) vertrat eine andere Meinung über die Natur des Menschen und gründete eine neue Schule der Psychologie. Die humanistische Psychologie geht davon aus, dass der Mensch von Natur aus (eher) gut ist und wachsen möchte. Maslow unterteilte in Defizitbedürfnisse und Wachstumsbedürfnisse. Letztere unterscheiden auch den Menschen vom Tier. Defizitbedürfnisse sichern das Überleben. Ihre Befriedigung ist die Voraussetzung für eine dauerhafte psychische und körperliche Gesundheit. Erst wenn die Defizitbedürfnisse erfüllt sind, kann sich Zufriedenheit einstellen. Im Folgenden geht es vor allem um die Wachstumsbedürfnisse, denn dies sind entscheidende Faktoren, die glücklich machen.

„Ein Hunger ist irgendwann gestillt, aber eine Selbstverwirklichung ist eine ewige Baustelle.“

Bei den Wachstumsbedürfnissen wird nicht die Befriedigung belohnt, sondern der Weg dorthin. Anstelle von Zufriedenheit stellt sich Glück ein. Das Bedürfnis nach Selbstverwirklichung drückt sich im Wunsch aus, das eigene Potenzial möglichst auszuschöpfen. Wie dies geschieht, ist bei jedem Menschen höchst individuell. Bei dem Bedürfnis nach Selbstverwirklichung handelt es sich um ein klassisches Wachstumsbedürfnis. Zufriedenheit ist ohne Selbstverwirklichung möglich. Die Arbeit an der eigenen Selbstverwirklichung, das bedeutet der Weg dorthin, macht glücklich.

Eine weitere Form von Wachstumsbedürfnis ist das Bedürfnis nach Transzendenz. Dabei geht es darum, über sich hinauszuwachsen und Teil von etwas Größerem zu werden. Oder anders formuliert um die Suche nach einer, das individuelle Selbst, überschreitenden Dimension oder nach etwas, das außerhalb des beobachtbaren Systems liegt.

Interessant sind auch Erkenntnisse in Bezug auf die Einschätzung unserer Mitmenschen. So überschätzen wir üblicherweise unseren eigenen Entwicklungsstand und unterschätzen den unserer Umwelt.

Wenn aktuell Menschen gefragt werden, auf welcher Stufe der

Maslowschen Bedürfnispyramide sie stehen, und auf welcher Stufe sie ihre Mitmenschen vermuten, ist die systematische Selbstüberschätzung der meisten Menschen zu beobachten.

Dabei offenbart sich hier und da die Annahme, dass man selbst hoch entwickelt sei, die anderen hingegen würden nur von Grundbedürfnissen angetrieben.

Fragt man z.B. Menschen, ob sie im Falle des bedingungslosen Grundeinkommens weiterhin arbeiten gehen würden, antworten so gut wie alle mit einem entschiedenen „Ja".

Nach dem voraussichtlichen Verhalten ihrer Mitmenschen gefragt, äußern die meisten von ihnen jedoch die Vermutung, dass diese eher Chips essend und Bier trinkend vor dem Fernsehgerät oder dem Computer verwahrlosen würden.

Frei nach dem Motto „Ich selbst arbeite, um mich zu verwirklichen, aber die anderen Menschen arbeiten, um ihr Sicherheitsbedürfnis zu befriedigen."

6 Andere von sich, seinem Thema und seiner Geschichte begeistern und für sich gewinnen

Nehmen wir einmal an, du hast alle Vorarbeiten erledigt und bist von deiner Vision in jeder Phase deines Körpers durchdrungen. Kongruenz ist kein Thema mehr für dich. Deine Rede hat auch bereits eine Struktur. Jetzt kommst du von einem Vortrag zur Rhetorik. Denn an dieser Stelle wirst du deine Rede durch rhetorische Mittel so bearbeiten, dass sie hervorragend wird. Nimm dir deine Rede vor und versuche, die folgenden stilistischen Hinweise einzuarbeiten:

Emotionale Sprache

„Es wird Ihnen gefallen" ist schwach gegen *„Sie werden es lieben"*. *„Zufrieden"* sagt viel weniger aus als *„glücklich"*. Durch deine tolle Idee können Menschen nicht *„viel Geld verdienen"*, sondern *„richtig reich werden"*. Hier ist wichtig, dass du positive Gefühle ansprichst. Damit gewinnst du Sympathie und Vertrauen. Welche Wörter sprechen positive Gefühle an? Vervollständige die Liste durch deine eigenen Begriffe. Erinnere dich an die Bedürfnisse des Menschen. Such dir zu jedem Grundbedürfnis eine Vielzahl von Wörtern heraus, die dieses Grundbedürfnis ansprechen. Diese Sammlung wird in Zukunft zu deinem Wortschatz gehören. Schreibe die Listen

ab, so wie du früher Vokabeln gelernt hast. Du brauchst emotionale Wörter, um die Emotionen der Zuhörer zu erreichen.

So kann das Bedürfnis nach Sicherheit durch die folgenden Begriffe angesprochen werden:

Schutz, Wall, Mauer, Festung, Turm, Wehrhaftigkeit, Gegenmittel, Waffe, Schutzwall, abgeriegelt, geschützt, gesichert, stabil, fest, sicher, bewacht, wachsam, schützend, geborgen, schützen, verteidigen, abwehren...Vervollständige diese Liste und lege weitere für die anderen Grundbedürfnisse an. Such dir für deine Rede die Liste heraus, die zu deinem Thema passt. Wenn dein Thema nicht zu den Grundbedürfnissen passt, ermittle, mit welchen Grundbedürfnissen du es kombinieren willst. Luxus ist kein Grundbedürfnis. Es hilft aber dabei, sich selbst zu schützen und Geborgenheit zu geben. Wohltaten sind auch kein Grundbedürfnis. Sie bieten aber soziale Anerkennung.

Nicht reden, sondern plaudern

Setz dich nicht unter Druck, eine Rede zu halten. Stell dir eher vor, dass du mit deinen Zuhörern plaudern willst. Daraus ergibt sich eine lockere Haltung und du wirkst näher und greifbarer. Um wirksam zu plaudern, brauchst du kleine Geschichten, Anekdoten und Beispiele. Eine Plauderei über das Wetter ist abgeschmackt und langweilig. Biete deinen Zuhörern Small Talk über die alltäglichen Dinge des Lebens. Um das zu erreichen, streust du in deine Rede immer wieder

Storys ein. Sie sollten zusammenpassen und in einem Bezug zu deinem Thema stehen. Lies Anekdoten aus dem Leben berühmter Persönlichkeiten. Wenn du Namen wie Dalai-Lama oder Richard Burton in deine Rede einbauen kannst, ergibt sich bei deinen Zuhörern ein Wiedererkennungseffekt. Das schafft Sympathie. Aber auch Hinz und Kunz von der Straße eigenen sich gut für kleine Geschichten. Die kennt schließlich auch jeder. Diese Form des Plauderns nennt man übrigens Storytelling. Sie hilft dabei, das Interesse wach zu halten und eine Bindung zwischen Redner und Hörer zu schaffen. Wie gelingt es aber, von einem Small Talk Thema wieder zum eigentlichen Thema der Rede zu kommen? Das ist besonders leicht, wenn du deinen Smalltalk vorbereitest. Erzähle eine Anekdote aus dem Urlaub, vielleicht einen Besuch in einem Restaurant. Mit einer kurzen Überleitung bist du schnell beim Thema gesunde Ernährung. Erzähle eine schöne Anekdote aus dem Liebesleben einer berühmten Person. Schon bist du beim Thema Beziehung und Partnerschaft.

Wir-Botschaften

Ich-Ich-Ich.... Ständiges Reden über dich selbst wirkt schnell langweilig und ermüdend. Du solltest dich nicht zum Thema deiner Rede machen. Sende stattdessen „Wir-Botschaften“ aus. Nimm die Zuhörer mit in dein Boot, werde mit ihnen zu einer Gemeinschaft, wenn das irgend möglich ist. Arbeite hart an dir, um ein guter Redner zu werden.

Pacing und Leading

Aus dem NLP ist eine Technik bekannt, die sich „Pacing und Leading" nennt. Pacing bedeutet so viel wie „spiegeln", „nachahmen". Es ist ein psychologisches Faktum, dass Sympathie zwischen zwei Menschen dadurch entsteht, dass sich die beiden in Hinsicht ihrer Verhaltensweisen und ihrer Wortwahl aneinander anpassen. Alte Ehepartner werden sich beispielsweise im Laufe ihrer Ehejahre immer ähnlicher. Die Erkenntnis kannst du nutzen, um Sympathie mit deinem Zuhörer zu zeigen. In einem Dialog kannst du die Mimik und Gestik deines Gegenübers imitieren. Das darf allerdings nicht aufgesetzt oder künstlich wirken. Schlag die Beine übereinander, wenn er es tut oder greife zeitgleich mit ihm zu deinem Getränk. Auf diese Art machst du ihn dir vertraut. Er wird offener und fühlt sich sicherer. Du baust einen Rapport, eine feste Verbindung zwischen dir und deinem Publikum auf. Wenn dieser Rapport stabil ist, fällt es leicht, den Gesprächspartner gedanklich dorthin zu führen, wo du ihn haben willst. Durch den Rapport erreichst du, dass er dir vertrauensvoll folgt. Er wird deine Argumente eher nachvollziehen und zum gleichen Schluss kommen wie du.

6.1 Kunstgriffe fürs Publikum

Rhetorische Figuren können eine Rede stilistisch sehr verbessern. So wird allein das Zuhören zu einem Genuss, an den sich die Zuhörer noch lange gern erinnern. Rhetorische Figuren sind ein wenig aus der Mode gekommen. Es gibt aber einige, die du unbedingt kennen solltest, um deiner Rede einen eleganten Schliff zu geben.

- **Pausen**

Kurze Pausen verstärken die Wirkung dessen, was du gesagt hast. „Wir können unsere eigene Situation spielend leicht verbessern." PAUSE

„Wenn jemand sich irrt, zeigt das, dass er ein Mensch ist." PAUSE

„Nur, wer sich bewegt, kann andere bewegen." PAUSE

Gib den Kernaussagen deiner Rede ausreichend Zeit, sich zu entfalten. So wie ein gutes Gericht dem Gourmet auf der Zunge zergeht und ein guter Wein für einen Moment in der Mundhöhle bleibt, soll ein starker Satz sich im Gehirn des Zuhörers festsetzen. Während dieser Pausen kannst du einen oder zwei tiefe Atemzüge nehmen und dich ein wenig entspannen.

Eine Pause bewirkt, dass deine Aussagen sich in deinem Zuhörer entfalten und er beginnt, sich auf dein Thema zu konzentrieren. Stell dir vor, du stehst an einem See. Wirf in Gedanken einen kleinen Stein ins Wasser. Es bilden sich viele konzentrische Kreise, die immer wieder größer werden. Das kannst du nur beobachten, wenn du ruhig bleibst. Dein kleiner Stein zeigt eine sehr weite Wirkung. So ist es auch mit den Pausen in deiner Rede. Wirf einen Stein, eine Aussage, in den See, den deine Zuhörer zur Verfügung stellen, in ihren Geist. Beobachte die Kreise, die dieser Stein zieht und gib ihnen Zeit. Wenn du einen Stein nach dem anderen ohne Pause wirfst, entsteht ein Chaos auf der Oberfläche. Deine Rede wird als hektisch und anstrengend empfunden werden. Damit verlierst du Sympathie in deinem Publikum.

- **Wiederholungen**

Als Kind lernten wir, dass Wiederholungen einen Aufsatz schlecht machen. In einer Rede ist das anders. Du solltest zwar nicht immer wieder alles doppelt und dreifach sagen, doch eine oder zwei Aussagen dürfen immer wieder im Verlauf deiner Rede vorkommen. Hierbei handelt es sich quasi um einen Slogan, den du am Anfang, in der Mitte und am Schluss deiner Rede einbaust. Mit diesem Slogan im Kopf sollen deine Zuschauer nach Hause gehen. So kommst du ins Gespräch. Ein Slogan ist wie ein Ohrwurm. Sobald der Zuhörer sich an den Slogan erinnert, denkt er an dich und dein Thema.

- **Alliterationen**

Eine Alliteration ist eine Schmuckform, die eine Rede schöner machen kann. Sie wird, wie alle anderen rhetorischen Figuren, an den wichtigsten Stellen eingesetzt. Wir alle kennen Alliterationen. „Kind und Kegel“, „Mann und Maus“. Alliterationen werden aus Wörtern zusammengesetzt, die mit dem gleichen Buchstaben anfangen. Such dir für deinen wichtigsten Bereich deiner Rede eine Alliteration aus, wenn es möglich ist.

- **Metapher**

Die Metapher ist die wichtigste rhetorische Figur. Sie drückt etwas durch ein Bild aus. So ist „Drahtesel“ eine Metapher für „Fahrrad“, „Leitwolf“ und „Überflieger“ sind ebenfalls Metaphern. Sie lassen deine Rede lebendig und anschaulich wirken. Ein sehr schönes Beispiel für Metaphern, die in Erinnerung bleiben, hat Joschka Fischer geboten: „Ich war einer der letzten Live-Rock-'n'-Roller der deutschen Politik. Jetzt kommt in allen Parteien die Playback-Generation.“

- **Wortbedeutungen auskosten**

Die Sprache ist ein lebendiger Prozess. Heute nutzen wir Begriffe, die noch für unsere Eltern tabu gewesen wären. Das bedeutet, dass sich auch die Bedeutung der Wörter verändert. Wenn du dich in deiner Sprache gut auskennst, kannst du diese

Tatsache nutzen, um einige kunstvolle Details in die Rede einzubauen. Denk an das Wort „Interesse“. Es kommt aus dem Lateinischen und bedeutet „dazwischen sein“. Du kannst deine Zuhörer darauf hinweisen, dass ihr Interesse bedeutet, dass sie sich ins Geschehen begeben, aktiv werden. Schließlich hat nicht derjenige Interesse an Fußball, der vor dem Fernseher sitzt. Interesse zeigt sich, indem man mitten im Geschehen, dazwischen, ist. Was ist Erfolg? Erfolg folgt auf etwas. Er ereignet sich als Folge von.... Oder nimm das Wort Heilung. Dieses Wort sagt aus, dass das Gegenteil von „kaputt“, „zerbrochen“ gemeint ist. Heilung ist also der Zustand, der sich ergibt, wenn alle Aspekte des Menschen beieinander sind, wenn nichts abgespalten oder zerbrochen ist. Mach dir dieses Wissen zunutze, indem du einzelne Wörter aus deiner Rede auf die beschriebene Weise zerlegst und die Zuhörer an seine wahre Bedeutung heranführst.

- **Dehnungen**

Wenn etwas hervorgehoben sein soll, kannst du es beim Vortrag weder optisch markieren noch fett schreiben. Eine akustische Betonung erreichst du durch:

- laut werden
- dehnen (des Gesprochenen).

Da das Heben der Stimme zum Schreien eher unsympathisch und dominant wirkt, greift ein guter Redner auf das Dehnen einer Aussage zurück. So bekommt die betreffende Botschaft mehr Raum, denn die Zeit, die ihr zur Verfügung gestellt wird, ist größer. Während deiner Vorbereitung solltest du dir drei Kernsätze deiner Rede heraussuchen, die du dehnen willst. Du kannst sie sogar einmal im normalen Tempo sprechen und dann dehnend wiederholen. Auf diese Art prägst du deinem Publikum den Satz ein. Könner wechseln die Position auf der Bühne, bevor sie dehnen. Dann hast du gleich den positiven Effekt der optischen Unterstreichung. Deine Kernsätze kommen niemals auf eine Folie, denn dadurch verlieren sie an Gewicht. Dieses Stilmittel musst du üben, bis es perfekt sitzt. Während der Rede könnte dir sonst Unsicherheit und Nervosität einen Strich durch die Rechnung machen.

7 Selbstbewusstsein ist die Basis eines erfolgreichen Redners

Wer redet, muss mit Gegenrede rechnen. Es kommt vor, dass die Zuhörer deine Meinung nicht teilen und dieses auch kundtun. Damit du nicht aus dem Konzept kommst, brauchst du in jedem Fall eine souveräne Haltung.

Wenn du über ein gutes Selbstbewusstsein verfügst, weißt du, dass du nicht immer Recht haben kannst. Das ist eine gute Voraussetzung für den Umgang mit Kritik.

Höre deinem Gesprächspartner in aller Ruhe zu. Dann gibst du eine kurze aber eindeutige Antwort. So bleibt der Faden der Rede erhalten. Lange und umfassende Diskussionen musst du vermeiden, denn das wäre sehr unhöflich den anderen Zuhörern gegenüber. Bereite eine oder zwei Antworten vor, die sich für derartige Einwürfe aus dem Publikum eignen. Du kannst anbieten, dass der Störer dir eine Mail schreibt, die dann ausführlich beantwortet wird. Oder du bittest ihn schlicht, Rücksicht auf die anderen Anwesenden zu nehmen und dich weiter reden zu lassen.

Wichtig bei zwei verschiedenen Meinungen ist immer das Bewusstsein, dass jeder seine Meinung haben darf. Für Störer, die ihre eigene Auffassung für ein Gesetz halten, gilt: *„Ich respektiere Ihre Meinung, aber ich übernehme sie nicht. Ich habe schon eine.“* Das dürfte dir einige sympathische Lacher aus dem Publikum garantieren. *„Vielen Dank, dass Sie sich so* *engagieren. Aber ich bin schon groß, ich kann diese Veranstaltung gut allein bestreiten.“*

„Schön, dass Sie uns an Ihren Gedanken teilhaben lassen. Die Leute hier sind aber für mich gekommen, bitte schreiben Sie Ihre eigene Einladung.“

Wenn es sich dagegen nicht um Störer, sondern um qualifizierte Kritik handelt, solltest du darauf hinweisen, dass du dich gern auf eine Diskussion einstellen möchtest, jedoch jetzt nicht der geeignete Rahmen gegeben ist.

Kritik kann geäußert werden, um deine Rede zu stören. Nimm die Herausforderung an. Du solltest drei Aspekte kennen, um Kritik angemessen zu begegnen.

Wiederholungen bestärken deine Überzeugungskraft

Der klassische Störer hat eigentlich gar nichts an dir zu kritisieren. Er projiziert seine eigene Unzufriedenheit, seinen Neid oder seine Minderwertigkeitsgefühle auf dich. Diese Zeitgenossen sind unangenehm und stören die Rede und das Publikum. Zeige hier deutlich, dass du nicht bereit bist, dich von deinem Kurs abbringen zu lassen. Das kannst du besonders dadurch demonstrieren, dass du deine Kernaussage wiederholst. *„Jeder Mensch hat die Möglichkeit, sich Wohlstand aufzubauen.“* Nun will dein Störer dich vom Kurs abbringen. Du sollst ihm Zugeständnisse machen, seine

Ausnahmen überdenken und beachten. Schnell besteht die Gefahr, dass deine Aussage zu einem: *„Fast jeder Mensch hat die Möglichkeit, sich Wohlstand aufzubauen"* wird. Und noch ein paar Bemerkungen später: *„Fast jeder Mensch hat die Möglichkeit, sich einen gewissen Wohlstand aufzubauen."* Deine Kernaussage ist kaputt. Genau darum geht es Menschen, die dich boykottieren wollen. Sobald ein Redner seine Kernaussage abschwächt oder modifiziert, hat er verloren. Er büßt seine Glaubwürdigkeit beim gesamten Publikum ein. Wiederholungen lassen eine Aussage wahr und immer noch stärker wahr erscheinen. Nutze dieses rhetorische Mittel, um deinen Gegner zu zermürben und schließlich von seinem Vorhaben abzubringen.

Auch autoritäre Persönlichkeiten haben Schwächen

Manche halten sich für unantastbar. Aus irgendwelchen Gründen fühlen sie sich immer und jedem überlegen. Ihnen kann kaum jemand etwas vermitteln, was sie nicht schon vorher wussten. Sie spielen Machtspiele. Solche Zuhörer sind ein Graus für jeden Redner. Doch autoritäre Personen brauchen Futter, um sich stark zu fühlen. Dieses Futter ist meist die Angst der anderen. Autoritäre Personen schüchtern ein. Da genau liegt der Schlüssel zum richtigen Verhalten gegenüber Rechthaberei, Dominanz und Autoritätsgehabe. Lass dir keine Angst machen. Wenn du dich einschüchtern lässt, dann liegt das daran, dass du etwas befürchtest. Meist besteht die Furcht davor, nicht gemocht zu werden oder einen Konflikt zu erleben. Die Stärke einer autoritären Person ist die Angst des Gegenübers. Wenn du keine Angst hast, kannst du die Person behandeln wie einen Störer. Bleibe deinen Aussagen treu und kontere gezielt. Notfalls punktest du mit Schlagfertigkeit. Dafür solltest du einige Techniken der Schlagfertigkeit kennen.

Kontern mit Gegenfrage

Wenn dir jemand sagt: *„Ihre Ansichten sind haarsträubend“.* lautet die Gegenfrage: „Schadet das denn der Frisur?“ Auf die Aussage *„Ich denke, Sie sind da völlig auf dem Holzweg“,* lautet die mögliche Gegenfrage: *„Und Sie stehen vor einer Betonwand?“* Hier geht es darum, die Aussage des anderen ganz bewusst nicht als Kritik verstehen zu wollen. Meist ist der Störer dann sprachlos.

Kontern mit Übertreibung

Auch Übertreibungen können als Reaktion auf dumme Sprüche gesehen werden. Sie nehmen dem Gegenüber den Wind aus den Segeln. *„Ich habe gehört, Sie sind schon zweimal Pleite gegangen?“ „Ja, das stimmt, zusätzlich habe ich an jeder Ecke eine Freundin und kann meine unehelichen Kinder kaum noch zählen.“*

Kontern mit Bloßstellung

Persönliche Angriffe oder Unterstellungen sollten sehr hart beantwortet werden. Hier muss sofort eine Grenze gezogen werden, damit du am Ende nicht vollkommen blamiert vor deinem Publikum stehst.

Klartext sprechen

Versteckte Botschaften sind eine sehr weit verbreitete Form von unangemessener Kritik. Formuliere klar und deutlich: *„Wenn Sie der Überzeugung sind, ich hätte keine Ahnung vom Thema, dürfen Sie diese Überzeugung gern behalten. Ihre Professionalität stellen Sie damit selbst in Frage."* Klartext sprechen bedeutet, auch mal zurückschlagen. Manche sind einfach erst dann zufrieden, wenn sie gezielt und vehement in ihre Schranken gewiesen wurden.

Spielregeln anmahnen

Es gibt Regeln für den Umgang miteinander. Viele Störer und auch Kritiker respektieren diese Regeln nicht. In ruhiger und gefasster Stimmlage daran zu erinnern, dass du Regelbrüche und Unverschämtheiten nicht akzeptierst, ist echte Größe.

Entspannung ist eine Voraussetzung für Schlagfertigkeit

Wenn wir mit einer Aussage oder einer Kritik konfrontiert werden, die uns überraschend trifft, entsteht Unsicherheit in unserem Gehirn. Wir verkrampfen uns und so kann es dazu kommen, dass wir ein Blackout erleben. Viele Stunden später wissen die meisten, was sie hätten antworten müssen. *„Warum ist mir das nicht früher eingefallen?“* lautet die Frage, die du dir selbst stellst. Die Antwort liegt auf der Hand. Durch Einschüchterung entsteht Angst. Angst reduziert das Denkvermögen und die Reaktionsgeschwindigkeit. Deshalb ist es so wichtig, einige Entspannungsübungen und Atemtechniken in die Vorbereitung auf die Rede zu integrieren. Je gelassener du bist, umso schlagfertiger kannst du reagieren.

8 Kritik

Wenn du in der Rolle des Kritikers bist, solltest du dich um konstruktive, also aufbauende Kritik bemühen. So gelingt es dir besser, Konflikte zu vermeiden. Konstruktive Kritik bezeichnet nicht den Fehler, der Gegenstand der Kritik ist. Konstruktive Kritik zeigt Alternativen auf. Ein Beispiel für destruktive Kritik:

„In deinem Text sind viel zu viele Rechtschreibfehler.“

Konstruktive Kritik ist dagegen: *„Um in Zukunft Rechtschreibfehler zu vermeiden, kannst du die Rechtschreibprüfung von Word nutzen.“*

<u>Konstruktive Kritik hat drei große Vorteile gegenüber der destruktiven Kritik:</u>

1. Du zeigst dich als Experte für ein Thema, denn du weißt, wie es geht.

2. Du wirkst sympathisch, weil du helfen kannst.

3. Du vermeidest einen Konflikt, der sich um Verteidigung und Rechtfertigung dreht.

Der Körper redet mit

Zum selbstbewussten Auftreten gehören noch weitere Aspekte. So tendieren Anfänger meist dazu, verschämt auf Applaus zu reagieren. Das enttarnt sie als Anfänger und ist der denkbar schlechteste Abgang für einen brillanten Redner. Kassiere deinen Applaus bis zum letzten Ton ein. Zeige, dass du nicht nur davon überzeugt bist, dass deine Idee gut ist. Lass die Menschen auch spüren, dass du von dir überzeugt bist.

Selbstbewusstsein kann man sehen. Du zeigst Selbstbewusstsein mit deiner Gestik und mit deinem Standing. Nie, wirklich niemals darf ein Redner mit verschränkten Beinen stehen. Deine Füße sollten in etwa den Abstand haben, den dein Becken auch hat. So stehst du sicher und bist als unumstößlich zu erkennen. Genau darum geht es. Stell dich auf wie ein Baum, der tief verwurzelt ist. Kein Sturm und kein Stoß können dir etwas anhaben. Denke an das Eisbergmodell. Sei keine schwimmende Insel, sondern eine stabile, feste Größe. Das kannst du am ehesten erreichen, indem du deinen Stand korrigierst.

Wenn du einen guten Stand hast, reicht das aber noch nicht für eine überzeugende Gestik. Stell dich vor den Spiegel und übe. Dein Ziel ist, mit deiner Gestik den Raum einzunehmen, der dir zur Verfügung steht. Dafür brauchst du Beweglichkeit.

Wenn du hin- und hergehst, behalte das Bild vom Baum mit den festen Wurzeln bei. Tänzeln und Schlurfen machen keinen guten Eindruck. Du hast einen klaren Ausdruck, wenn du dich bewegst. Du zeigst, dass dein Thema bewegen kann. Wenn es dich nicht bewegt, wird es auch deine Zuhörer nicht bewegen. Experten haben bewiesen, dass die Augenbewegungen deiner Zuhörer dazu führen, dass sie wacher und konzentrierter sind. Sie sollen nicht auf dich starren, wie auf einen Fernseher, sie sollen dir mit ihren Blicken folgen. Dadurch gelingt es dir, neben den Ohren auch die Augen deiner Gäste anzusprechen, der Vortrag wird sinnlicher.

Zwei Sinne sind besser als einer

Menschen nehmen über fünf Sinne wahr. Je mehr Sinne angesprochen werden, umso stärker ist die Wahrnehmung. Wenn es dir gelingt, Augen und Ohren zu fesseln, bist du schon sehr gut. Dann bist du wirklich besser als eine Audio-Datei.

Beachte das auch, wenn du Folien einsetzt. Sprich die visuelle Wahrnehmung an, wenn du Folien präsentierst. Du solltest darauf verzichten, das was du sagen willst, auf die Folien zu schreiben. Denn das schwächt ihre Wirkung ab. Viel besser ist, Fotos und Bilder im Hintergrund zu haben. Wenn du über Säuglinge sprichst, hast du nicht die Regeln der Säuglingspflege auf der Folie. Über die sprichst du ja. Auf deinen Folien kann jeweils zum Thema ein Foto sein, das deine Worte unterstreicht.

9 Take Away – So klappt es mit der Rede

Die erste Rede zu halten, fühlt sich an wie der erste Besuch beim Zahnarzt. Man ist nervös, weiß nicht genau, was einen erwartet. Doch so wie Arztbesuche mit der Zeit zur Routine werden, fällt auch Redenhalten durch regelmäßige Übung leichter.

Der Top-Speaker Brian Tracy hat in seinem Buch eine Empfehlung für Redner, die das nächste Level erreichen wollen: *„Rede langsam, mache Pausen und lächele zwischen Punkten und Sätzen."* Das scheint nicht schwer, oder?

Redenhalten ist keine Hexerei – wenn du einige grundlegende Dinge beachtest, hast du bereits das Fundament für deinen Erfolg gelegt.

Im Folgenden erfährst du, welche das sind.

1. Setze Pausen

2. Lächle

3. Halte Blickkontakt

4. Zeige Emotionen

5. Geh mit Missgeschicken locker um

6. Lass dich durch Zwischenrufe nicht verunsichern

7. Gib Verantwortung ab

8. Nutze das Potenzial deiner Stimme

9. Hol dir deinen Applaus ab

10. Sei ein Baum

Manche Redner sprechen wie ein Güterzug, der an allen Bahnhöfen vorbeirast.

Redner haben oft Angst, dass eine unangenehme Stille entsteht, wenn sie pausieren. Dabei sind Pausen für das Publikum wichtig. Sie geben ihm die Möglichkeit, das bisher Gesagte zu verarbeiten und erzeugen zusätzlich Spannung. Brian Tracy führt dazu aus, dass es nichts Besseres gibt, um die Aufmerksamkeit der Zuhörer zu wecken als eine Pause.

Sei mutig und trau dich, ein paar Augenblicke lang nichts zu sagen. Das gilt bereits für den Anfang deiner Rede. Verharre für ein paar Momente in Schweigen, nachdem du die Bühne betreten hast. Lasse deinen Blick durch den Raum gleiten und warte, bis alle anwesenden Zuhörer zur Ruhe gekommen sind. Erst danach fängst du zu sprechen an. Mit diesem Verhalten zeigst du deinem Publikum, dass du dich in der Rolle als Redner wohlfühlst.

Mache Pausen

Nutze Pausen, um dem Publikum zu signalisieren, dass du einen Punkt oder einen Satz abgeschlossen hast. Wenn du ohne Unterbrechung weiterredest, kann es vorkommen, dass dein Publikum dir nicht mehr folgen kann. Möglicherweise nimmt es deine Rede auch als unstrukturiert wahr. Die meisten Menschen können nur drei Sätze in Folge verarbeiten. Nach dem dritten Satz benötigen sie eine kurze Pause, um die Informationen zu verarbeiten.

Durch Pausen können Sie zusätzlich die Wichtigkeit von Aussagen unterstreichen. Wenn Sie einen Satz abschließen und danach kurz pausieren, erhöhen Sie automatisch den wahrgenommenen Wert Ihrer Aussage.

Lächle

Wenn du mit finsterer Miene vor deinem Publikum stehst, fühlen sich deine Zuhörer an ihren strengen Klassenlehrer aus der Grundschule erinnert. Die Versuche, das Publikum von deinen Ansichten zu überzeugen, werden unter diesen Bedingungen wenig Erfolg haben.

Wenn du dem Publikum stattdessen mit einem Lächeln begegnest, signalisierst du Herzlichkeit, Offenheit und Akzeptanz. Das Publikum wird sich deiner Botschaft öffnen und deiner Rede entspannt folgen, wie Brian Tracy treffend beschreibt.

Jetzt fragst du dich vielleicht, was du tun kannst, wenn du vor deinem Vortrag nervös bist und dir nicht nach Lächeln zu Mute ist. Versuche nicht, dein Publikum mit einem aufgesetzten Lächeln zu täuschen. Menschen erkennen unbewusst sofort, ob jemand aufrichtig lächelt oder nicht.

Verändere stattdessen deine Einstellung, mit der du an den Vortrag herangehst. Stelle dir vor, dass du deinen Vortrag vor vielen guten Freunden hältst. Wenn du Vorfreude empfindest und den Auftritt genießt, wirst du auch beim Publikum gut ankommen.

Halte Blickkontakt

Wenn dein Blickkontakt zum Publikum intensiv ist, fühlen sich deine Zuhörer angesprochen und folgen dir gebannt. Du wirkst auf das Publikum selbstsicher, überzeugend und charismatisch, genauso wie ein echter Top-Speaker.

Wenn du, anstatt auf dein Gegenüber zu schauen, auf den Boden, auf eine Wand oder auf eine PowerPoint-Präsentation starrst, wirkst du unglaubwürdig, vor allem aber unsicher und inkompetent.

Es gibt einen Königsweg, um Blickkontakt aufzubauen. Blicke einzelne Personen aus dem Publikum drei bis fünf Sekunden lang an. So als ob du ein privates Gespräch mit ihnen führen würdest. Du vermittelst der von dir angeschauten Person in dem Moment das Gefühl, dass sie deine ungeteilte Aufmerksamkeit bekommt. Dich als Redner wird es gleichzeitig entspannen, weil du nicht mehr das Gefühl hast, vor einem großen Publikum zu sprechen.

Wenn die Größe des Publikums überschaubar ist, kannst du dir zum Ziel setzen, mit jeder Person im Raum Blickkontakt aufzunehmen. Wenn jemand deinen Blickkontakt nicht erwidert, gehst du einfach zur nächsten Person über.

Du kannst Blickkontakt auch als Instrument nutzen, um Zuhörer in den Vortrag zurückzuholen, die nicht mehr bei der Sache sind. Schaue sie einfach für ungefähr zwei Sekunden intensiv an, möglichst mit einem Lächeln.

Denke zurück an deine Schulzeit, auch dort hat ein intensiver Blick deiner Lehrerin träumende Schüler zurück in das Unterrichtsgeschehen geholt.

Zeige Emotionen

Gefühle verbinden, erlaube dem Publikum, an deinen Emotionen teilzuhaben.

Die Harvard-Professorin Amy Cuddy bricht am Ende ihres millionenfach aufgerufenen „TED Talks" über Power Posing in Tränen aus. Selbst wenn man sich ihren Auftritt am Computer anschaut, ist man gerührt und möchte sich innerlich vor ihr verneigen.

Die Inspirationskraft eines Vortrags ist immer auch davon abhängig, in welchem Maße der Redner bereit ist, sich seinem Publikum zu öffnen.

Auf einem Rhetorik-Seminar, an dem ich teilnahm, hielt ein

junger Mann seine erste Rede. Er wählte ein sehr persönliches Thema. Der Mann sprach von seiner ersten großen Liebe und davon wie diese tragisch endete.

Obwohl er stotterte und seine Rede etwas unstrukturiert war, hörten ihm alle Teilnehmer gebannt zu. Er verschaffte sich Respekt, weil er sich öffnete und Emotionen zeigte.

Versuche, jeden Vortrag mit einer persönlichen Geschichte zu schmücken. Das Publikum wird es dir mit ungeteilter Aufmerksamkeit danken.

Geh mit Missgeschicken locker um

Kein Mensch ist perfekt, auch auf einer Bühne ist man vor Fehltritten nicht gefeit. Man kann stolpern, sich versprechen oder gar einen Blackout haben. Manchmal treten trotz sorgfältiger Vorbereitung technische Probleme auf.

Wenn dir während deines Vortrages ein Missgeschick unterlaufen sollte, geh locker und entspannt damit um. Das Publikum wird kleinen Pannen keine große Bedeutung zumessen, wenn du es auch nicht tust.

Wenn du während des überwiegenden Teils deines Vortrages einen professionellen und gut vorbereiteten Eindruck machst, kann ein Missgeschick deine Sympathiewerte sogar erhöhen, denn es lässt dich menschlich und nahbar erscheinen.

Hole dir deinen Applaus ab

Wenn du die Bühne zu schnell verlässt, entlarvst du dich als Anfänger. Bleibst du jedoch auf der Bühne stehen und nimmst den Applaus offen an, wirkst du selbstbewusst und routiniert. Vergib dir nicht diese letzte Chance auf einen guten Eindruck.

Stehe wie ein Baum

Ein Hinweis noch vorweg: Der perfekte Redner nutzt den gesamten Raum. Er ist nicht nur in der Mitte der Bühne zu finden, sondern zeitweise auch an den Seiten. Sein Auftritt ist dynamisch, er bewegt sich also, ohne dabei bemüht zu wirken.

Ein fester, gleichmäßiger Stand wird positiv auf dein Publikum wirken. Das gilt aber nur für die Sequenzen deiner Rede, in denen du stehst.

Vermeide scheinbar unkoordiniertes Vor- und Zurückgehen. Es vermittelt dem Publikum den Eindruck, dass du aufgeregt bist. Ich habe diese nervösen Schritte bei unerfahrenen Rednern oft beobachtet. Sie wollen sich um jeden Preis Dynamik vermitteln, um auf keinen Fall statisch zu wirken. Sie haben ihre Bewegungen nicht trainiert.

Manche Redner versuchen, in Anlehnung an Steve Jobs, auf der Bühne auf und ab zu schreiten. Sie wollen um jeden Preis dynamisch und agil wirken. Häufig wirken sie damit jedoch nicht agil, sondern eher zerstreut. Wer agil wirken will, muss agil sein. Das ist eine Frage der Authentizität und des Trainings. Die Bewegungen auf der Bühne gelingen unerfahrenen Rednern nicht spontan. So, wie du die Worte deiner Rede vorbereitest, musst du auch die visuellen Elemente vorbereiten.

Ohne Bewegung geht es nicht. Doch Bewegung muss geübt und geplant werden. Du bist ein Baum, dem die Zuhörer mit den Augen folgen können. Damit werden Zuhörer gleichzeitig zu Zuschauern. Sie widmen dir mehr Aufmerksamkeit, weil sie zwei Sinne statt eines Sinns einsetzen müssen, um deine Aktionen vollständig verfolgen zu können.

Lasse dich durch Zwischenrufe nicht verunsichern

Auf Zwischenrufe kann wohl jeder Redner gut verzichten. Doch leider ist es unvermeidlich, dass gelegentlich Menschen im Publikum sitzen, die ihre Meinung ungefragt kundtun wollen. Wie geht man am besten mit diesen Zwischenrufen um?

Die wichtigste Regel lautet: lass dich auf keinen Fall auf ungewollte Diskussionen ein. Eine Rede ist ein Führungsinstrument. Wenn du dich aus dem Konzept bringen lässt, untergräbst du deine eigene Autorität und hast danach nur noch geringe Chancen, das Publikum von deinen Standpunkten zu überzeugen.

Du hast verschiedene Möglichkeiten für den Umgang mit Zwischenrufen. Einen einzigen Zwischenruf kannst du ignorieren. Tu einfach so, als ob du nichts bemerkt hast.

Du kannst dem Rufer selbstverständlich auch sagen, dass du seine Frage im Anschluss an die Rede in einem persönlichen Gespräch gern beantwortest. Vielleicht kannst du sogar auf eine Fragerunde verweisen, die im Anschluss an deine Rede stattfindet. Wenn nichts anderes hilft und ein Gast unentwegt stört, bitte den Veranstalter darum, ihn aus dem Raum zu entfernen.

Gib Verantwortung ab

Eine gewisse Aufregung spendet Rednern Energie und macht sie dadurch stärker. Wenn deine Redeangst jedoch zu stark ist und du wie ein scheues Reh auf der Bühne stehst, machst du keinen professionellen Eindruck. In diesem Abschnitt lernst du, wie Lampenfieber entsteht und wie du in Zukunft damit umgehen kannst.

Es gibt eine ganz einfache Lösung, wie du Lampenfieber reduzieren kannst: Gib Verantwortung ab. Wenn du dich sorgfältig vorbereitet hast, ausgeschlafen und rechtzeitig am Veranstaltungsort erschienen bist, hast du alles getan, was in deiner Macht steht. Gib während deines Auftritts dein Bestes und gib die Verantwortung für das Gelingen ab. An wen kannst du sie abgeben?

An das Schicksal, Gott, das Universum, du entscheidest an wen. Wenn du mit dieser Einstellung an Vorträge herangehst, bist du viel entspannter. In meinem Fitnessstudio hing ein großes Poster mit einem Zitat von Dirk Nowitzki. Darauf stand: „Wenn du alles gegeben hast, kannst du dir nichts vorwerfen." Besser kann man es nicht sagen.

Nutze das Potenzial deiner Stimme

Was für einen Pianisten die Tasten sind, ist für den Redner die Stimme. Die meisten Redner sprechen viel zu schnell. Wenn ein Redner glaubt, er spräche übertrieben langsam, spricht er meist genau im richtigen Tempo für die Zuhörer. Wenn du in langsamem Tempo sprichst, hat deine Stimme mehr Kraft und Autorität. Je wichtiger etwas ist, desto langsamer solltest du es aussprechen.

Das Publikum sollte dich überall im Raum ohne Mühe verstehen, auch in der hintersten Reihe. Bei größeren Räumen oder einem Saal ist ein Mikrofon in Verbindung mit einer Soundanlage ein empfehlenswertes Hilfsmittel. Du kannst Spannung aufbauen, indem du mal plötzlich leiser und langsamer sprichst. Durch plötzliches lauteres Sprechen erzeugst du Dramatik. Wenn du geschickt mit der Lautstärke deiner Stimme spielst, wird dir das Publikum an den Lippen kleben.

Abwechslung in der Tonhöhe ist ebenfalls ein hervorragendes Stilmittel deiner Stimme. Stell dir beispielsweise vor, zwei Italiener führen ein intensives Streitgespräch. Wenn du eine ähnlich intensive Stimmführung erzielst, gelingt es dir, besondere Dramatik in den Vortrag zu integrieren.

Trinke vor deinem Auftritt am besten lauwarmes Wasser, um eine optimale Stimme zu haben. Durch zu kaltes Wasser können deine Stimmbänder kalt werden und deiner Stimme die Wärme entziehen. Bei Halsweh kann laut Top-Speaker Brian Tracy heißes Wasser mit viel Honig und Zitrone Wunder bewirken.

10 Fehler, die es zu vermeiden gilt

Fehler sind menschlich. Vor allem Anfänger machen Fehler. Das ist beim Sport nicht anders als in der Küche. Auch Rhetorik will gelernt sein. Wer noch keine Erfahrungen hat, wird nicht wie ein alter Hase wirken. Auch das gehört zur Authentizität.

Zuhörer wollen keine Blender vor sich sehen, sondern echte Menschen aus Fleisch und Blut. Deshalb sind kleine Pannen in der Regel kein Beinbruch in der Rhetorik. Einige Fehler kannst du aber bereits im Vorfeld ausschalten, indem du dich mit ihnen auseinandersetzt und trainierst, deine Rede ohne diese Fehler zu halten.

Unsicherheit und Nervosität

Wer seine ersten Schritte im Bereich Rhetorik wagt, wird meist noch einige kleine Unsicherheiten und Ängste im Gepäck haben. Lampenfieber und Versagensängste sind vollkommen normal. Wer von sich selbst behauptet, das Sprechen vor anderen sei für ihn nicht mit einer gewissen Anspannung verbunden, macht sich und anderen etwas vor. Wer wirkliche Leidenschaft darstellen und wecken will, steht unter einem gewissen Druck. In einer überzeugenden Rede geht es um alles. Für eine verpatzte Rede gibt es keine zweite Chance. Ein guter Redner ist sich dessen bewusst. Er schätzt sein Anliegen als besonders wichtig ein und will daher die Zuhörer begeistern. Außerdem will er niemanden langweilen oder mit billigen

Floskeln dessen Zeit stehlen. Es geht um viel.

Das Wissen um die Bedeutung der Rede ist oft die Ursache für Stress. Die Hände werden feucht, die Stimme versagt und auf der Stirn bilden sich Schweißperlen. Nun kann das Wissen über Rhetorik plötzlich vollkommen verschwunden sein.

Für eine solche Situation kommt es allein auf deine Vorbereitung an.

Mach dir im Vorfeld klar, dass eine überzeugende Rhetorik ein hartes Stück Arbeit ist.

Such eine Entspannungstechnik, die du immer dann einsetzt, wenn du dich mit deiner Rede befasst. Hier geht es nicht um die Buchung eines umfassenden Yoga-Kurses oder um das Lernen von Autogenem Training. Schaffe ein Bild der Ruhe und Entspannung in deinem Kopf, das du jederzeit aktivieren kannst, wenn du spürst, dass du nervös wirst. Stell dir vor, du fühlst eine beruhigende Hand auf deinem Hinterkopf. Die Stelle hinten am Kopf, an der der Hals beginnt, heißt Medulla. Die meisten Menschen empfinden eine Form der Beruhigung, wenn sie dort berührt werden. Stell dir einfach vor, dass eine Hand dort aufliegt. Teste das Bild aus, um herauszufinden, ob es für dich passt. Setzt die Beruhigung ein, kannst du dir diese Hand auch vorstellen, wenn du in deiner Rede spürst, dass du unruhig wirst. Das ist besser, als plötzlich schneller zu sprechen oder sich zu verhaspeln.

Ein weiteres mögliches Bild ist eine brennende Kerze. Kerzenlicht erzeugt in den meisten Menschen positive Gefühle und wirkt beruhigend. Stelle dir eine Kerze vor, wenn du dich unsicher fühlst.

Manche Redner arbeiten mit einem Glücksbringer, den sie während ihrer Reden und Vorträge bei sich tragen. Ein Stein oder ein winziger Talisman sind gute Beispiele. Es gibt Menschen, die an die positive Kraft von Halbedelsteinen glauben. Wenn du zu ihnen gehörst, besorg dir einen Türkis oder einen Hämatit. Sie gelten als Steine, die dem Nutzer Kraft und Durchsetzungsstärke verleihen können. Diesen Stein kannst du in der Hosentasche haben und ihn vor deiner großen Gelegenheit in der Hand halten.

Um Nervosität vorzubeugen ist deine Vorbereitung das A und O. Rhetorik will trainiert sein. Übe vor dem Spiegel und vor Freunden und Bekannten. Du kannst auch eine Webcam nutzen. Je besser du dein Konzept und deine Inhalte kennst, umso leichter fällt es dir, dich wirklich überzeugend und gewinnend auszudrücken.

Fehlende Struktur

Eine gute Rede hat einen guten Aufbau. Daran besteht kein Zweifel. Deshalb brauchst du in jedem Fall ein Konzept. Die Aussage: „Ich bin mehr der spontane Typ“, zeugt nicht von Spontaneität, sondern vielmehr von Bequemlichkeit. Wenn du deinen Redebeitrag planst, denke daran, dich immer an das gleiche Schema zu halten. So geht es dir in Fleisch und Blut über und du bist nicht so leicht aus dem Konzept zu bringen.

Leistungsdruck

Du musst nicht alles wissen, um eine gute Rede zu halten. Fehler zugeben und Schwächen zeigen können durchaus sympathische Stilmittel sein. Allerdings gilt für eine Situation, in der du nicht makellos erscheinst, dass du souverän bleibst. Behalte den Blickkontakt. Behalte deinen stabilen Stand bei. Wenn du aus dem Konzept gebracht wurdest, kannst du das sagen. Dein Publikum wird dich als noch überzeugender erleben, wenn du menschliche Eigenschaften mit einer vollkommenen Natürlichkeit annehmen kannst.

Falsche Wortwahl

Wörter sind mächtig. Sie machen die Rhetorik zu einem mächtigen Werkzeug. Deshalb ist eine falsche Wortwahl unbedingt zu vermeiden. Lege jedes Wort auf die Goldwaage, bevor du es in deine Rede einbaust. Um die falsche Wortwahl zu vermeiden, solltest du deine Rede unbedingt schriftlich vorbereiten und üben. Denk an die vielen Politiker und Showgrößen, die wegen einer unüberlegten Wortwahl plötzlich einen Shitstorm erlebten. Ein schönes Beispiel ist Angela Merkels Äußerung: „Das Internet ist für uns alle neu“, nachdem bereits fast jeder Haushalt sich an das Surfen im Netz gewöhnt hatte. Du kannst einen guten Witz erzählen, solltest aber nicht selbst zu einer Witzfigur werden.

Zur richtigen Wortwahl zählt auch, die falschen Wörter wegzulassen. Zu den falschen Wörtern gehören „Problem“, „Altern“, „Stress“. Richtig heißt es in diesem Kontext: „Die

Aufgabe, in eine neue spannende Lebensphase einzutreten, sollte man in völliger Entspannung bewältigen.“ In diesem Zusammenhang steht auch das Wort „nicht“. Unsere menschliche Seele und unser Gehirn denken in Bildern. Es gibt aber kein „Nicht-Bild“. Wir alle kennen das Beispiel vom blauen Elefanten. Denk jetzt nicht an einen blauen Elefanten. Aha, du hast ein Bild von einem blauen Elefanten vor Augen, stimmt's? Nutze also nur positive Ausdrücke. Wir machen uns hier nicht „keine große Mühe“, sondern das Lernen der Rhetorik geht uns leicht von der Hand, oder? Reden ist nicht „nicht schwer“, sondern Reden macht Freude.

Pausenfüller

„Ähm“, „öööh“, „aaalso“ sind Pausenfüller, die viele Redner einsetzen, wenn ihnen der rote Faden ihrer Rede verloren gegangen ist. Sie wollen damit überspielen, dass sie für einen Moment nichts zu sagen wissen. Lass es einfach. Nichts nervt die Zuhörer mehr als diese unschönen Pausenfüller. Wenn es dir zu schwerfällt, einfach für eine oder zwei Sekunden nichts zu sagen, dann such dir eine Handlung aus, die beim Publikum besser ankommt. Du könntest zum Beispiel auf der Bühne einen Schritt nach hinten machen und dann mit etwas Schwung wieder nach vorn treten. So kommt normalerweise auch die Rede wieder in Fluss.

Unnötige Entschuldigungen für kleine Fehler

Ein Zeichen von Unsicherheit ist häufig, sich ständig für Kleinigkeiten zu entschuldigen. Ein Beispiel: Du hast eine Folie ausgelassen, was allerdings niemand gemerkt hat, weil du die betreffenden Inhalte frei referierst. Hier ist eine Entschuldigung nicht angebracht, denn deine Zuhörer kennen weder den Vortrag noch deine Folien. Ihnen ist kein Schaden entstanden. Wenn es allerdings einen guten Grund für eine Entschuldigung gibt, sollte sie unverzüglich, sachlich und deutlich erfolgen. Kein Grund liegt vor, wenn etwas geschieht, was dem Vortrag nicht schadet, jedoch anders verläuft, als geplant. Du musst nicht erklären, dass etwas falsch ist, was dein Publikum gar nicht als falsch erkennen kann. Echte Fehler sind unangemessene Bezeichnungen oder Hustenanfälle. Hier kannst du dich kurz und knapp, in jedem Fall souverän entschuldigen. In diesem Zusammenhang sei noch erwähnt, dass eine Rechtfertigung oder Erklärung immer unangemessen ist. Wenn du zum Beispiel statt Frau das Wort Hausfrau wählst, ist das ein Fauxpas. Entschuldige dich und erspare deinem Publikum die langen Erklärungen darüber, dass du Gleichberechtigung wichtig findest oder dass deine Mutter Hausfrau ohne Berufstätigkeit war.

11 Rhetorik To Go

Die folgenden zehn Hinweise können bei deinen ersten Schritten in die Rhetorik eine Leitlinie bilden. Sie zeigen einen Überblick über die wichtigsten Eigenschaften, die von einem guten Redner erwartet werden. Außerdem bilden sie zusammen das Grundrezept für eine überzeugende Darstellung deines Themas.

1. **Sei von dir und deinem Thema überzeugt! Lass deine Zuhörer merken, dass es nichts Wichtigeres gibt als das Thema, das du ihnen präsentierst**

Nimm dich nicht zurück. Es gibt Redner, die sich ablenken lassen und damit ihre Glaubwürdigkeit verlieren. Reagiere nicht, wenn im Publikum ein Handy klingelt. Sollte das Klingeln andauern, mach keine Pause, sondern bitte den Betreffenden, zu gehen. Zeige, dass es deine Bühne ist und du sie auch nutzen kannst. Sei überzeugt von dir selbst und mach dich nicht klein.

2. **Bereite dich mit einer kreativen Technik vor**

Nutze immer, ohne Ausnahme, für deine Reden eine der vorgestellten kreativen Techniken: Mind-Map oder

Brainstorming. Nur so kannst du genau durchleuchten, was dich bezüglich deines Themas wirklich bewegt. Es gleicht einem Fiasko, wenn dir die wirklich guten Ideen und die besten Argumente erst in den Sinn kommen, während du schon auf der Bühne stehst.

3. Sprich immer laut, langsam und deutlich

Bevor du eine nervöse Stimmlage erkennen lässt, mach lieber eine kurze Pause. Trinke einen Schluck Wasser und atme tief durch. Deine Stimme ist ein wichtiges Werkzeug. Wer laut und klar spricht, zeigt, dass er keine Angst hat. Fixiere das Publikum mit deinen Augen, um zu zeigen, dass du den Kontakt nicht scheust. Das bedeutet nicht, dass du die Pause als Stilmittel vernachlässigen solltest. Eine Pause ist eine Äußerung des Redners. Sie sagt: „Bitte denken Sie über meine Aussage intensiv nach."

4. Zeige eine attraktive Ausstrahlung

Nimm dir Platz. Fülle den Raum, den du hast, auch körperlich aus. Zeige, dass du ein einnehmendes Wesen hast und dazu stehst. Wer sich nicht traut, wird selten Vertrauen gewinnen können. Steh wie ein Baum, bewege dich souverän und geh wie ein Sieger. Zeige dich souverän. Das gilt übrigens auch für deine Kleidung. Sie sollte passen und gut sitzen. Außerdem muss deine Kleidung sauber und gepflegt sein. Viele moderne

Redner versuchen auf der Bühne den Coolen zu spielen. „Es kommt auf die inneren Werte an.“ Dieser Spruch ist dumm wie Knäckebrot. Die inneren Werte nimmt nämlich nur der wahr, der sich die Mühe macht, dir näher zu kommen. Wenn du keine gepflegte Erscheinung zeigst, macht sich niemand diese Mühe. Es wäre ein unerwünschtes Ergebnis deiner Rede, wenn deine Zuhörer sich später mehr über dein Äußeres als über deine Inhalte miteinander austauschen.

5. Bereite dich umfassend und gründlich vor

Deine Idee und du sollten dir eine gründliche Vorbereitung wert sein. Wer sich schlecht vorbereitet, zeigt damit, dass sein Thema nicht wirklich wichtig ist. Das ist ein Beweis für ein mangelhaftes Selbstwertgefühl. Es wird maximal mit Mitleid beantwortet, oft genug auch mit Spott. Zu wenig Vorbereitung kann dazu führen, dass du nicht für einen Sieger, sondern für einen Verlierer gehalten wirst. So wirst du niemanden für deine Sache begeistern können. Wer steigt schon in ein Boot, das von einem schlechten Steuermann gelenkt wird?

6. Gehe souverän mit Kritik um

Es ist deine Rede. Die Zuhörer sind deinetwegen gekommen. Strahle dieses Bewusstsein aus. Mach dir klar, dass du wichtig bist. Bleibe Zwischenrufern gegenüber reserviert und lass dich nicht vom Kurs abbringen. Das wäre ein Scheitern, das selbst das toleranteste Publikum nicht verzeihen kann. Du verschaffst dir Achtung, wenn du zeigst, dass du dich konzentrieren kannst und bereit bist, dein Thema zu verteidigen.

7. Nutze deine Redezeit

Je länger du redest, umso weniger Zeit bleibt für Fragen und Diskussionen. Berücksichtige diese Grundregel. Genieße deine rhetorischen Pausen und lebe deine Gesten aus. Viele Anfänger sind viel zu schnell, wenn es zum Ernstfall kommt. Du kannst das auch verhindern, wenn du eine Präsentation vorbereitest, die im Hintergrund läuft. Wenn jede Folie zehn Minuten oder wie lange auch immer stehen bleibt, bevor es weitergeht, hast du einen guten Zeitgeber, ohne auf die Uhr schauen zu müssen. Das darf jedoch nicht dazu führen, dass du dem Publikum den Rücken zukehrst und nur auf deine Folien starrst. Übe den Einsatz von visuellen Unterstützungen, bevor du dich damit vor das Publikum traust.

Auf der anderen Seite solltest du auch nicht länger sprechen, als du angekündigt hast. Es wirkt unprofessionell, wenn du deine eigene Redezeit überziehst. Außerdem ist es dem Publikum gegenüber unhöflich, denn es ist die Zeit deiner Zuhörer, die du über Gebühr beanspruchst. Übe also intensiv und gründlich, dich an deinen zeitlichen Rahmen zu halten. Nutze zum Üben einen Timer.

8. Baue deine Rede kunstvoll

Verlasse dich nicht darauf, dass du das Kind schon schaukeln wirst, wenn du erst im Redefluss bist. Es kann sein, dass sich plötzlich eine große Leere einstellt. Bereite daher deine Beispiele, deine Storys und deine Kernsätze vor und lerne sie auswendig. So kannst du auch verhindern, dass du unangenehme Pausenfüller einbauen musst.

9. Bleibe mit dem Publikum im Dialog

Blickkontakt, Ansprachen an das Publikum und auch eine einladende Gestik lassen im Publikum das Gefühl entstehen, dass es teilnehmen darf an dem, was du sagst. So hast du eher das Gefühl von einer lockeren Begegnung und wirkst souveräner.

10. Sei du

Bleibe authentisch, auch wenn du ein schwieriges Publikum hast. Achte auf deine Kongruenz und sei du selbst. Vielleicht ist es auch das falsche Publikum, die falsche Zielgruppe. Auf jeden Fall bist du der richtige Redner mit dem richtigen Thema.

12 Überzeugend wirken im Alltag

Nicht nur für die große Bühne lohnt sich eine starke Rhetorik. Auch im ganz normalen Alltagsgeschehen wirst du immer auf Situationen treffen, in denen es darauf ankommt, sich geschickt und überzeugend zu äußern. Ob in der Familie oder unter Freunden, es gibt immer wieder Gelegenheiten, Mitstreiter zu finden.

In diesem Kapitel erhältst du verschiedene Lösungen für private Anlässe, in denen du mit einer guten Rhetorik punkten kannst.

1. Den Partner bewegen
2. Freunde motivieren
3. Überzeugungsarbeit beim Nachwuchs

12.1 Den Partner bewegen

Beziehung ist hauptsächlich Kommunikation. Je besser du dich deinem Partner gegenüber ausdrücken kannst, umso eher kann deine Beziehung sich so gestalten, wie du es dir wünschst. Dabei spielen vor allem im privaten Bereich die Mimik und die Körpersprache eine sehr große Rolle. Wenn du mit deinem Partner sprichst, um ihn von etwas zu überzeugen, solltest du davon ausgehen, dass er sofort erkennt, wenn du nicht authentisch bist. Er kennt dich, deine Mimik und deine Gestik fast auswendig und wird daher sehr darauf achten, ob du wirklich ganz und gar hinter dem stehst, was du sagst. Deshalb ist bei wirklich wichtigen Angelegenheiten deine Vorbereitung das A und O. Stellen wir uns vor, du willst eine neue Küche anschaffen, dein Partner ist von der Idee aber nicht begeistert. Du solltest nicht auf die Idee kommen, deinem Partner ein tolles Essen zu kochen und ihn dann im Schlafzimmer zu verführen. Sollte das klappen, dann nur, weil du einen Partner hast, der dir keinen Wunsch abschlägt. In diesem Fall brauchst du keinerlei Rhetorik. Reale Beziehungen funktionieren anders. Beide Partner haben eigene Interessen und Bedürfnisse und diese stehen oft im Wettstreit miteinander.

Der Partner träumt vielleicht von einem neuen Auto oder einer teuren Fernreise. Bereite zuerst dich selbst vor. Erkunde, wie wichtig dir deine neue Küche wirklich ist. Was ist deine Motivation? Dabei ist immer von Vorteil, wenn eine intrinsische Motivation vorliegt. Das bedeutet, dass die Motivation aus dir herauskommt. Die Tatsache, dass du eine neue Küche anschaffen willst, weil deine beste Freundin eine hat, ist nicht intrinsisch, sondern extrinsisch. Wenn du eine neue Küche kaufen willst, weil die alte Küche unansehnlich ist, dir zu wenig Platz bietet oder die Geräte nicht mehr zweckdienlich sind, kannst du von einer intrinsischen Motivation sprechen. Intrinsische Argumente sind viel stärker als extrinsische. Mache also zuerst für dich selbst klar, welche inneren Beweggründe dich zu deinem Vorhaben treiben. Das geht sehr gut über ein Brainstorming oder ein Mind-Map. Wenn du deine Gründe gefunden hast, suchst du dir die drei stärksten Argumente aus. Diese drei Argumente solltest du für dich selbst ausformulieren. Wenn du dir nur Stichworte notierst, kann der Partner dich mit einer einfachen Zwischenfrage aus der Bahn werfen. Im nächsten Schritt geht es darum, einen Redeaufbau zu entwerfen. Deine Rede darf nicht zu lang sein, denn der Partner ist kein Publikum. Trotzdem sollte es dir gelingen, alles, was du zu sagen hast, vorzubringen. Es gibt eine einfache Form der Überzeugungsrede im privaten Umfeld, die gerade beim Partner oft Wirkung zeigt. Lies hier, wie du etwa zwei bis drei Minuten Redezeit so ausfüllst, dass dein Partner dir aufmerksam lauscht.

Schritt 1: Deine Positionierung für deine folgenden Ausführungen

Beginne damit, deutlich zu machen, in welcher Rolle du deine Ansprache hältst. „Ich habe mir Gedanken gemacht, und mir ist bewusst geworden, dass ich den größten Teil der Küchenarbeit erledige.“ Wenn du deine Rolle deutlich machst, weiß dein Gegenüber, dass du kompetent und betroffen bist. Du äußerst jetzt keinen Small Talk, es geht um etwas, was in deinem Leben eine wichtige Rolle spielt. Das soll dem Gegenüber in dieser Situation verdeutlicht werden.

Wenn du diesen Schritt unterlässt, entscheidet der Partner über seinen Blickwinkel auf dich. Dann bist du für ihn vielleicht die Partnerin, die gern einkauft oder diejenige, die kein neues Auto anschaffen will. Erkennt er deine Position nicht, hast du schlechte Karten.

Schritt 2: Das Thema in Verbindung mit einer rhetorischen Fragestellung

„Meinst du nicht auch, dass die Küchenarbeit so leicht wie möglich von der Hand gehen sollte?“ Dein Partner muss auf diese Frage mit einem „Ja“ antworten. Die rhetorische Frage darf also keine Verneinung hervorrufen. *„Hättest du Lust, dich beim Kochen unnötig zu quälen?“* wäre also falsch. Alternativen sind: *“Du hast bestimmt Verständnis dafür, dass ich mich in meiner Arbeitsumgebung wohl fühlen möchte“* oder: *„Energieverschwendung durch alte Geräte lehnst du doch sicher auch ab, oder?“*

Schritt 3: Drei Argumente, die überzeugen

An dieser Stelle bringst du deine drei Argumente ein. Sortiere sie nach Wichtigkeit in aufsteigender Reihenfolge. Psychologen haben herausgefunden, dass Menschen sich bei einer Aufzählung von drei Argumenten das letzte am intensivsten einprägen. Deshalb sollte das wichtigste und stärkste Argument immer am Schluss stehen.

Im Beispiel der neuen Küche könnte das so klingen:

„Ich denke, wir brauchen eine neue Küche, weil die Küchenschränke inzwischen viel zu wenig Stauraum für all unsere Geräte und das Geschirr bieten.

Es ist auch nicht angenehm, auf der viel zu kleinen Arbeitsfläche Platz zu suchen, damit ich alle Zutaten für unser Essen schneiden und vorbereiten kann.

Unsere Geräte wie Herd und Kühlschrank sind inzwischen auch schon so stark veraltet, dass sie sich zu wahren Stromfressern entwickelt haben."

Schritt 4: Gemeinsame Handlung vorschlagen

Menschen freuen sich über Verbundenheit mit anderen. Deshalb kannst du an dieser Stelle noch einmal sehr klar zum Ausdruck bringen, dass du keine reine Handlungsaufforderung an den Partner formulieren wolltest. Ein Satz wie: *„Lass uns doch mal zusammen in ein Küchenstudio fahren und sehen, was eine neue Küche kosten würde"* oder *„Wir könnten doch am Wochenende mal einen Plan machen, was unsere neue Küche bieten müsste"* ist gut geeignet, um einerseits keinen Druck aufzubauen und dich auf der anderen Seite nicht abspeisen oder ignorieren zu lassen. Du stellst eine Verbindung her, die der andere mit großer Wahrscheinlichkeit nicht ablehnen wird.

Schritt 5: Kontakt halten

Der letzte Schritt ist besonders wichtig. Hier geht es nämlich darum, deine Anfrage nicht im Sande verlaufen zu lassen. Schlage einen bestimmten Termin vor, an dem eure gemeinsame Handlung stattfinden wird. Irgendwann in nächster Zeit ist irgendwie auf irgendwelche Art viel zu unbestimmt, um binden zu wirken. Samstagnachmittag oder bis zur Mitte des Monats sind konkrete Angaben. Dann kann der andere sich später nicht damit herausreden, dass er ja nicht wusste, wie oder wann es weitergehen sollte.

Das vorgestellte Redekonzept ist schnell erarbeitet. Schreibe zur Übung ein paar Reden für den privaten Gebrauch. So wird es dir schneller gelingen, auch aus dem Stegreif zu argumentieren. Das ist immer dann wichtig, wenn dein Partner sich mit einer bestimmten Forderung oder einem Wunsch an dich wendet. Du bleibst stärker, wenn du den Aufbau der Rede auswendig kannst.

Mimik und Gestik in der privaten Überzeugungsrede

Dein Wohnzimmer und die Küche sind keine Bühne. Deshalb ist die Gestik, die du auf einer Bühne nutzen kannst, nicht immer auf die private Situation zu übertragen. Dein Partner wäre irritiert, wenn du gekonnt von links nach rechts gehst, während du ihn davon überzeugen willst, eine gemeinsame Fernreise zu unternehmen. Leider unterhalten sich Privatmenschen meist im Sitzen an einem Tisch miteinander. Das ist eine denkbar schlechte Ausgangslage. Sollte das so sein, ohne dass eine Veränderung der Situation in Sicht ist, kannst du nur auf das Pacing und Leading zurückgreifen. Auf jeden Fall solltest du dafür sorgen, dass ihr ein Getränk zur Verfügung habt. Schon in Vorzeiten bot man einem Gast, um Sympathie zu gewinnen, ein Glas Wasser oder ein anderes Getränk an. Wer es annahm, zeigte damit, dass er bereit war, sich einzulassen. Bis heute hat sich diese alte Sitte erhalten lassen können. Menschen gehen gemeinsam etwas trinken und laden sich auf einen Tee oder Kaffee ein. Das wirkt im Unbewussten bindungsfördernd. Schließlich gehst du nicht mit jedem auf ein Bier in den Pub, oder? Am Getränk kann Pacing gut vollzogen werden. Achte darauf, ob dein Partner unbewusst zur Tasse greift, wenn du deine Tasse hochnimmst. Wenn ja, dann hast du seine Sympathie in der Situation gewonnen. Auch auf seine Haltung kannst du achten. Verschränkt er Arme und Beine oder wendet sich gestisch eher von dir ab, musst du noch einiges an Überzeugungsarbeit leisten. Um ihn beobachten zu können, solltet ihr nicht nebeneinander sitzen. Die optimale Positionierung ist gegenüber. Wenn das nicht geht, solltet ihr zumindest über Eck sitzen. Sobald dein Partner begonnen hat, mit dir eine Harmonie bezüglich eurer Gesten zu entwickeln, kannst du langsam an das Leading gehen. Dann ist der beste Zeitpunkt, deine kurze Rede zu beginnen.

Die Sinne und die Sinnlichkeit

Auch dein Partner hat fünf Sinne. Da ihr beide euch wahrscheinlich nahesteht, ist es möglich, viele Sinne anzusprechen. Du kannst neben den Ohren mindestens die Augen, vielleicht auch noch den Tastsinn und den Geruchssinn ansprechen. Allerdings darf deine Rede dadurch nicht in den Hintergrund geraten. Du kannst Fotos einsetzen oder auch andere Materialien. Geht es zum Beispiel um die Renovierung der Wohnung, kannst du schon Stoffmuster präsentieren. Du hast in der privaten Umgebung keine Folien. Das muss kein Nachteil sein. Wenn du kein Material verwendest, solltest du an einer Stelle der Rede, nämlich, wenn du dir der Aufmerksamkeit deines Partners sicher bist, aufstehen und durch den Raum gehen. Vom Küchentisch zur Arbeitsplatte, von der Couch ans Fenster, wird es ein wenig Platz geben. Verändere deine Position im Raum. Der Partner wird dir mit den Augen folgen. So gewinnst du mehr Achtsamkeit und Respekt.

Risiko „Vertrautheit“

Manche Paare sind sich so vertraut, dass die gegenseitige Wahrnehmung eher oberflächlich und oft sogar respektlos geworden ist. Was, wenn der Partner mitten in der Rede zum Smartphone greift oder zur Toilette geht. Jetzt darfst du nicht in die Konfliktfalle tappen. Kurz und souverän kannst du ihn bitten, aufmerksam zu bleiben. Doch die Störung ist wahrscheinlich schon eingetreten, das Leading nicht mehr möglich. Mach jetzt bloß keine Szene. Bleibe selbstsicher. Äußere deinen Unmut: „Ich wünsche mir mehr Konzentration von dir, wenn ich dir etwas mitteilen will.“ Danach beendest du das Gespräch. Warte auf die nächste, passende Gelegenheit. Streit auf der Basis: „Du hörst mir nie zu“ ist absolut kontraproduktiv und führt dich von deinem Ziel weg. Du musst also unter Umständen mehrere Anläufe nehmen, um deinen Partner von deiner Auffassung zu überzeugen.

Fehler, die im Gespräch mit dem Partner vermieden werden sollen

Es gibt Fehler, die gerade in Lebensbeziehungen immer wieder beobachtet werden können.

- Erklärungen und Rechtfertigungen für die eigene Meinung

„Ich will dir ja nur erklären, dass ich nichts dafür kann, dass ich mich vor Schmutz ekle.“ Richtig ist: *„Ich finde den Schmutz in der Küche eklig und erwarte, dass du hinter dir aufräumst, wenn du gekocht hast.“*

- Ständige Entschuldigungen

„Es tut mir leid, dass ich immer noch nicht zufrieden bin, ich bin wahrscheinlich zu anspruchsvoll.“ Richtig ist: *„Meine Ansprüche gehören zu meinem Leben und wir müssen einen Weg finden, wie sie Platz in unserer Beziehung finden können.“*

- Sich selbst zurücknehmen

„Nimm es nicht persönlich, ich will dich nicht kritisieren." Richtig ist: *„Wenn ich dich konstruktiv kritisiere, wünsche ich mir ein faires Feedback."*

- Fehlende Konzentration akzeptieren

Viele Partner behandeln sich gegenseitig wie eine gewohnte Nebensache. Konzentration findet im Außen statt. Der Vorgesetzte und die beste Freundin haben die volle Aufmerksamkeit im Gespräch, in der gleichen Situation mit dem Partner muss sie nur mal eben eine SMS lesen und er muss nur mal eben die Wäsche aus dem Trockner nehmen. Brich hier sofort ab. Zieh eine Grenze und zieh dich zurück. Gib deinem Partner zu einem anderen Zeitpunkt eine erneute Chance. Sehr klug ist übrigens, wenn eine Zeit vereinbart wird, in der geredet wird. Jeden Sonntagabend um 18 Uhr zum Beispiel könnten ein oder zwei Stunden freigehalten werden, damit wichtige Themen besprochen werden können. Zwischen Tür und Angel gehen die wichtigen Themen meist nur unter.

12.2 Freunde motivieren

In jedem Freundeskreis gibt es Motivatoren und Mitläufer. Das ist immer dann unproblematisch, wenn du zu den Mitläufern gehörst. Sobald du aber die führende Rolle übernehmen willst, können Schwierigkeiten auftreten. Denn der Leithammel der Gruppe wird seinen Platz nicht freiwillig hergeben. Es hilft in der Regel nicht, sich mit ihm zu streiten. Das stört die gesamte Stimmung. Wenn du einen Konflikt beginnst, schadet es überdies auch deinem Image in der Gruppe. Viel geschickter ist, wenn du versuchst, die Gruppe zu überzeugen. Das funktioniert am besten mit Argumenten. Auch hier gilt wieder, dass eine gute Vorbereitung das A und O des Erfolgs ist. Leider ist manchmal nicht vorhersehbar, wann es zu einer entsprechenden Situation kommt.

Ihr sitzt alle gemütlich beim Grillen in deinem Garten oder dem eines Freundes und der Leithammel schwärmt von der Vision, eine Motorradtour zum Gardasee zu unternehmen. Er hat sich vorbereitet und kann seine überzeugenden Argumente sicher und zielgerichtet formulieren. Du magst den Gardasee nicht und würdest dir wünschen, mit der Gruppe eine Fahrt ins Blaue zu unternehmen. Jetzt brauchst du eine grandiose Strategie, um das Ruder herumreißen zu können. Hier nämlich einfach die Vision des anderen zu kritisieren oder daran herumzumeckern ist sehr ungeschickt. Destruktive Kritik könnte dir schnell als störend ausgelegt werden. Du musst Zeit gewinnen, denn deine Überzeugungsrede ist noch nicht fertig. Deshalb ist deine Aufgabe hier, die anderen davon zu überzeugen, dass es einen weiteren Termin geben wird, an dem über die gemeinsame Tour beratschlagt werden kann. Das ist bereits ein harter Brocken. Der Leitwolf wird nämlich keine Zeit verlieren wollen. Jetzt brauchst du Solidarität in der Gruppe. Du musst die Begeisterung ausbremsen, keine schöne Aufgabe. Dabei solltest du auf gar keinen Fall wie ein Miesmacher wirken. Bleibe sachlich. „Das ist eine tolle Idee, aber heute kann ich nichts dazu sagen. Vielleicht sollten wir am nächsten Sonntag darüber sprechen. Dann können wir alle zuhause erst in unsere Terminkalender und auf unseren Kontostand schauen." Das zeigt, dass du dich und die anderen davor schützen willst, eine vorschnelle Entscheidung zu treffen. Du zeigst Verantwortung, Vernunft und Fairness. Diese Eigenschaften sind sehr sympathisch und zeichnen eine Führungspersönlichkeit aus. Wahrscheinlich sprichst du damit sogar dem einen oder anderen aus der Seele und er wird insgeheim dankbar für deinen Mut sein.

Wie sag´ ich es ihnen?

Selten werden deine Freunde dir eine Bühne bereiten, auf der du eine ausgefeilte Rede halten kannst. Du hast auch nicht die Möglichkeit, eine Einleitung mit einer Beschreibung deiner Position in der Gruppe zu formulieren. „Ich als der wichtigste Kumpel in unserer Gang" klingt albern und passt auch gar nicht zum Wesen einer Freundschaft. Dir bleibt nur der Griff zur korrekten Kommunikation. Hier brauchst du viel Empathie. Finde heraus, wer von deinen Freunden eher emotional und wer eher sachlich angesprochen werden sollte. Bleiben wir beim Beispiel von der geplanten Tour zum Gardasee.

Hier sind die Sachargumente:

- Jeder von uns sollte im Rahmen seiner finanziellen Möglichkeiten berücksichtigt werden
- Manche von uns haben Familie, die sie nicht so lange allein lassen können
- Nicht jeder hat eine Maschine oder so viel Erfahrung, dass er eine solche Tour ohne Mühe unternehmen kann

Emotionale Gründe sind:

- Freiheit und Abenteuer brauchen eine längere Vorbereitungszeit
- Wir sind doch Freunde und jeder sollte seine Ideen einbringen
- Wir sollten uns besser kennenlernen und deshalb noch andere Vorschläge einbringen
- Wenn wir so lange auf den Maschinen sitzen, haben wir viel weniger Zeit für gemütliches Beisammensein

Jetzt solltest du die wichtigsten Argumente zusammentragen und für beide Gruppen etwas bereit haben. Im besten Fall kannst du drei Argumente bringen. Vergiss nie, die Tür offen zu halten. „Lasst uns doch nächste Woche nach dem Fußball darüber reden.“ So können sich alle vorbereiten und fühlen sich wertgeschätzt. Das ist viel sympathischer als sie mit deinen Ideen zu überfahren. Es dient auch dazu, dich als Führungsperson zu sehen, denn wer den Termin festsetzt, ist der Chef.

Rhetorische Fehler im Umgang mit Freunden

Ironie, Polemik und Sarkasmus stehen aktuell hoch im Kurs. Unter Freunden sollten alle drei rhetorischen Stilmittel vermieden werden. Das gilt übrigens auch für den Umgang mit Partnern und Kindern. Sie werden als Angriffe gewertet und führen zu offenen oder schwelenden Konflikten.

Scheinargumente oder Rechthaberei können zwar beeindrucken, doch in emotionalen Kontexten wie einer Freundschaft haben sie nichts zu suchen. Hier hat Rhetorik ihre Grenzen, denn zu einer echten Freundschaft gehören auch Kompromisse und eben vor allem, dass du nicht immer derjenige bist, der die anderen überzeugt.

12.3 Überzeugungsarbeit beim Nachwuchs

Wer seinen Nachwuchs davon überzeugen will, das Kinderzimmer aufzuräumen, Hausaufgaben zu machen oder die Musik leiser zu drehen, stößt schnell an seine Grenzen. Gesunde, starke Kinder sind nicht so schnell folgsam wie die Eltern es wünschen. Sie legen sich ein dickes Fell zu und wissen genau, dass sie die Eltern mürbe machen, wenn sie ihre Ohren einfach auf Durchzug stellen. Kinder sind in zwei Phasen besonders schwer mit Worten zu überzeugen. Die erste Phase ist die Trotzphase und die zweite Phase ist die Pubertät. Die folgenden Beispiele können dir einen Überblick darüber bieten, welche rhetorischen Mittel du einsetzen kannst, um dein Kind zu überzeugen.

Bei Kleinkindern hilft das Instrument der Wiederholung eindeutig besonders gut. Kluge Eltern wissen, dass Kinder niemals beim ersten Reden Folge leisten. Hier brauchst du vor allem persönliche Stärke, um deiner Linie treu zu bleiben. Konsequenz ist das A und O. Wenn dein Kind am Montag nicht beim Essen fernsehen darf, darf es das am Dienstag auch nicht. Leider machen viele Eltern immer dann Ausnahmen, wenn es ihnen in den Kram passt. Erziehung ist Präsenz. Basta. Wer sich selbst nicht im Griff hat, wird seinem Kind wenig vermitteln können. Im Umgang mit Kindern ist die Authentizität das oberste Gebot, denn Kinder lernen zu 90 Prozent durch das Vorbild und nur zu 10 Prozent durch das, was die Eltern ihnen sagen.

Das ist bei Teenagern schon ganz anders. Sie suchen sich ihre Vorbilder selbst und sind Argumenten zugänglicher als jüngere Kinder. Sie haben eine eigene Meinung und können eine Diskussion nicht nur führen, sie suchen sie sogar. Auch hier ist deine eigene Authentizität wichtig. Bleibe in deiner Elternrolle. Mach dich nicht zum Kumpel, denn damit schaffst du zwar Nähe, verlierst aber deine Autorität. Ein sehr kluger Mann hat einmal gesagt: „Eltern dürfen die Freunde ihrer Kinder sein, solange sie klein sind. Spätestens in der Pubertät brauchen Kinder Eltern."

Nutze Beispiele und formuliere deine Forderungen immer konkret. „Ich erwarte, dass du deine Sachen bis morgen um drei aus dem Wohnzimmer herausgeräumt hast." Zeige deutlich auf, welche Konsequenzen du ziehen wirst, wenn das Kind seine Freiheit nutzt, dir nicht Folge zu leisten. „Ich werde sie sonst wegwerfen." Zwischen Eltern und Teenagern gilt das Motto: „Deine Freiheit hört dort auf, wo mein Bereich beginnt." Nur so kannst du deinen Teenager davor bewahren, ein rücksichtsloser und gefühlskalter Erwachsener zu werden.

Auch mit Teenagern empfiehlt sich, wie mit dem Partner, feste Redezeiten als Ritual einzuhalten. So könnt ihr immer wieder korrigieren, wenn eure Beziehung den falschen Weg einzuschlagen droht. Behalte die Fäden in der Hand. Eltern und ihre Kinder sind gleichwertig. Es gibt aber Rechte, die Kinder und Jugendliche noch nicht haben.

12.4 Zusammenfassung: Überzeugung im Privatleben

Authentizität ist die wichtigste Voraussetzung, wenn du im Privatleben Erfolg haben willst. Allzu viele rhetorische Mittel könnten hier als Machtgehabe oder als Dominanz gesehen werden. Pacing und Leading sind wichtige Methoden, mit denen du Nähe und Vertrauen herstellen kannst. Allerdings solltest du nicht vergessen, dass ein erfülltes Privatleben auch dadurch existiert, dass Gleichwertigkeit und Respekt vorherrschen. Privat darfst du deine Schwächen zeigen und musst nicht immer die Führungsposition innehaben. Sonst fehlt dir die emotionale Sicherheit und die Geborgenheit bei den Menschen, die dir emotional wichtig sind.

Die rhetorischen Stilmittel Wiederholung und Dehnung sind auch in der privaten Überzeugungsarbeit wichtig. Außerdem solltest du, wie bei öffentlichen Reden auch, darauf achten, wie du wahrgenommen wirst. Zeige durch dein Outfit und durch deine Vorbereitung, dass du Respekt verdienst. *„Ey, Alter, du könntest auch mal das Klo putzen“* klingt lustig und bleibt folgenlos. Wenn du nicht vorhast, zur Witzfigur zu werden, solltest du solche Anpassungen an den Trend in der Jugendszene tunlichst vermeiden.

Besonders wichtig ist, dass du dich kurz fasst. Wenn Eltern, Partnerinnen und Partner oder Freunde immer wieder mit dem gleichen Thema anfangen, sich entschuldigen, erklären und rechtfertigen, klingen sie wie eine Schallplatte mit Sprung.

Sie werden langweilig. Niemand schenkt ihnen mehr Aufmerksamkeit, denn jeder hat das Gefühl, ihren Sermon auswendig zu kennen. Konsequenzen lassen sich im Privatleben nicht vermeiden und gehören zur Authentizität. Werde ein Mensch, bei dem jedem klar ist, dass seine Gedanken zu seinen Worten werden und seine Worte zu seinen Taten. Deine privaten Kontakte sollen dich nicht als Experte wahrnehmen, sondern als eine starke Persönlichkeit zu schätzen wissen. Das erreichst du, wenn Wort und Tat bei dir stets Hand in Hand gehen.

12.5 No-Go's in der privaten Überzeugungsarbeit

In der privaten Kommunikation kann sehr viel schief laufen. Die Folge ist oft eine emotionale Irritation. Es geht schließlich nicht allein um Sachfragen, sondern um Sympathie, Antipathie, Liebe, Vertrauen und andere Werte. Deshalb solltest du die wichtigsten Fehler kennen, um sie zu vermeiden.

Emotionale Erpressung

Der schlimmste Fehler, der in der privaten Rhetorik gemacht werden kann, ist die emotionale Erpressung. Kinder versuchen es manchmal und sollten auf keinen Fall damit durchkommen. Erwachsene sind vor diesem Fehler aber leider auch nicht gefeit. Emotionale Erpressung hört sich ungefähr so an:

- *„Ich dachte immer, mein Glück sei dir wichtig."*
- *„Na gut, dann werde ich eben jemand anderen um Hilfe bitten."*
- *„Wenn du mal wieder was von mir willst, werde ich dir auch keinen Gefallen tun."*
- *„Da habe ich mich wohl in dir getäuscht."*
- *„Klar, was kann man bei dir auch anderes erwarten?"*

Hier geht es darum, dem anderen ein schlechtes Gewissen zu machen und ihn abzuwerten. Das Gegenüber soll dem Redner seinen Wunsch erfüllen, damit er sich nichts vorwerfen oder sich schlecht fühlen muss. Das sorgt in ihm für Beklemmungen und Ängste. Du verlierst in jedem Fall Sympathiepunkte. Das schwächt deine Position erheblich. Hier wird „Führung durch Angst" versucht. Vielleicht bekommst du deinen Willen, doch sobald der andere kann, wird er einen Rückzieher machen.

Fehlende Konzentration

Wenn du etwas durchsetzen willst, konzentriere dich auf dein Thema. Viele verfolgen die Strategie, private Anliegen häppchenweise zu präsentieren. Da wird immer mal wieder eine vage Andeutung gemacht, zwischen Tür und Angel werden Teilschritte erkämpft. Hier gilt das Gleiche wie für die emotionale Erpressung. Dein Gegenüber wird sich gedrängt und übertölpelt fühlen. Sorge für eine konzentrierte Stimmung und gib dem Gesprächspartner das Gefühl, dass du ihn ernst nimmst. Die Strategie der Teilschritte verfolgen übrigens Kinder sehr oft. Wenn die Mutter beschäftigt ist, wollen sie eine Erlaubnis, Schokolade zu essen. Sie wissen ganz genau, dass die Mutter keine Zeit hat und ein schnelles „Ja“ antwortet. Erwachsene sollten diese Unsitte vermeiden, wenn sie nicht kindisch wirken wollen.

Schützenhilfe suchen

Ganz schlechter Stil ist, private Gespräche in Anwesenheit unbeteiligter Dritter zu führen. Wenn der Ehemann seine Hobbys verändern soll und das zur Sprache kommt, während Mutter und Schwiegermutter am Tisch sitzen, ist ein Streit vorprogrammiert. Wenn du dein eigenes Anliegen nicht allein durchsetzen kannst, ist es einfach nicht stark genug. Wenn Dritte als Zeugen oder Unterstützer hinzugezogen werden, stellst du den Gesprächspartner bloß. Außerdem kann er sich durch die Übermacht, die du dir verschaffst, unterlegen und in die Ecke gedrängt fühlen. Es könnte sein, dass er private Kontakte zukünftig vermeidet und an geselligen Anlässen mit dir nicht mehr teilnehmen möchte.

Respektlosigkeiten

Es kann schon mal heiß hergehen in einer privaten Unterhaltung. Wenn du erkennst, dass du dein Ziel offensichtlich nicht oder zumindest nicht sofort erreichen wirst, solltest du fair bleiben. „Mit dir kann man sowieso nicht reden“ oder „dann such dir doch einen anderen für deine blöden Sauftouren“ sind Aussagen, die schlicht unfair sind. Der andere fühlt sich nicht respektiert. Er wird bestraft, weil er nicht das macht, was du willst. Das ist kein guter Stil.

Vertrauen missbrauchen

Baue deine Rede nicht darauf auf, dass du Schwächen oder sensible Informationen verwertest, die dir von deinem Kontakt bekannt sind. „Ich habe deine Ex gefragt. Bei ihr hast du mehr im Haushalt geholfen.“ Dieser und ähnliche Sätze sind hervorragend geeignet, das Vertrauen zu verlieren, das der andere in dich hat.

Unbestimmtheit

Sei konkret. Gib Daten, Termine und alle anderen Rahmenbedingungen so konkret wie möglich an. Du gerätst sonst sehr leicht in den Verdacht, nicht gut vorbereitet zu sein. Außerdem könnten Zwischenfragen dich aus dem Konzept bringen und du wirkst nicht glaubwürdig.

Konsequenzen ankündigen und nicht umsetzen

Wenn wir im privaten Kontext reden, wollen wir in der Regel erreichen, dass Handlungen folgen. Wir wollen, dass unser Partner sich mehr Zeit für uns nimmt, unsere Kinder ihre Hausaufgaben machen und unsere Freunde uns zur Seite stehen, wenn wir sie brauchen. Diese Forderungen und Erwartungen sind nur sinnvoll, wenn sie auch wirklich wichtig für uns sind. Deshalb solltest du auf Umsetzung bestehen und notfalls Konsequenzen ziehen. Such dir einen anderen Kontakt mit dem du Zeit verbringst, wenn der Partner sich keine Zeit nimmt, reduziere die Privilegien, die dein Kind genießt, wenn es keine Hausaufgaben macht und such dir neue Freunde, wenn deine Bedürfnisse nicht gehört werden. Wenn du keine Konsequenzen ziehst, wirst du zum Hampelmann, der du nicht sein willst. Zur Rhetorik im Privatleben gehört die Tat!

13 Schlussworte

Nachdem du nun viel über Rhetorik gelesen hast, bist du hoffentlich Feuer und Flamme für deine erste eigene Rede. Du wirst wahrgenommen haben, dass eine gute Rede vorbereitet sein muss, damit sie ihre Wirkung entfalten kann. Wer ohne Vorbereitung sein Thema darstellen will, verschenkt eine wertvolle Chance. Zuhörer wollen nicht zugetextet werden. Deshalb solltest du ihnen die notwendige Wertschätzung entgegenbringen. Rhetorik ist Respekt vor dem Gegenüber. Wenn du auf die Redekunst verzichtest, verzichtest du gleichzeitig auf die Möglichkeit, andere Menschen zu begeistern. Du machst deine Vision zu einem totgeborenen Kind. Das hat deine Vision, das hast du nicht verdient. Bereite zum Schluss dieses Buches eine letzte, die wichtigste Rede vor.

Ihr Thema lautet:

Die Bedeutung von Rhetorik für große Visionen.

Wenn du diese Rede halten kannst, hast du dir selbst einen großen Dienst erwiesen. Denn dann bist du in der Lage, dich als Redner zu fordern und zu fördern.

Halte für dich selbst noch einmal fest, welche Voraussetzungen für einen erfolgreichen Rhetoriker erfüllt sein sollen. Die folgende Checkliste gibt dir einen Überblick über die Kompetenzen, die wichtig sind, um ein kunstvoller und überzeugender Redner zu sein. Wenn du denkst, dass dir noch etwas fehlt, was auf dieser Liste genannt ist, dann nimm dir die Zeit, die betreffende Kompetenz zu erwerben. Rhetorik darf nicht auf Sand gebaut sein. Du brauchst ein stabiles Gebäude aus persönlichen Fähigkeiten. Deine Rhetorik ist so stark wie das Fundament, das deine Persönlichkeit darstellt.

Checkliste persönliche Kompetenzen:

- Selbstwertgefühl
- Selbstbewusstsein
- Nähe zum eigenen Thema (siehe kreative Techniken)
- Kompetenter Umgang mit Lampenfieber
- Kenntnisse über sprachliche Stilmittel
- Fähigkeiten, Stress abzubauen und zu entspannen

Rhetorik zu üben ist eine wunderbare Möglichkeit, dir selbst treu zu bleiben. Früher und heute stand die Rhetorik bei ihren Kritikern immer in dem Ruf, das „Verstellen“ oder das „Vorspielen“ zu fördern. Auch heute hört man noch: *„Wenn ich mich so gezielt vorbereite, spiele ich doch nur eine Rolle, ich entferne mich von mir selbst.“* Das ist ein Trugschluss. Wenn du Argumente für deine Vision suchst und die Kernaussagen festlegst, kommst du dir näher. Du wirst immer echter und immer mehr du selbst. Vielleicht spielst du eine Rolle. Doch das ist die Rolle deines Lebens. Es ist die Rolle, die dich selbst darstellt. Du inszenierst dich selbst und deine Überzeugungen. Daran ist nichts falsch oder trügerisch. Wenn andere dich als Vater oder Mutter, Kollege oder Freund kennen, kennen sie nur einen sehr kleinen Teil von dir. Sie wissen, wie du funktionierst. Sie wissen nicht unbedingt, wer du bist. Manchmal ist unser Leben ein Theaterstück. Auf unserer Bühne spielen wir viele Rollen. Doch gleichzeitig spielen wir unser eigenes Leben. Die Hauptfigur sollten wir selbst sein. Dazu gehören vor allem unsere wahren Überzeugungen, Visionen und Meinungen.

Es macht viel Freude, sein eigenes Stück des Lebens zu erschaffen und selbst die Hauptrolle zu übernehmen. Problematisch wird es erst, wenn wir Rollen spielen, die die anderen von uns erwarten oder uns aufzwingen. Übe deine Rede also ruhig als eine Art Bühnenshow ein. Werde in deinem eigenen Leben zu einem Multitalent. Du bist der Autor, der Regisseur, Beleuchter und Kartenverkäufer. Und du bist die Hauptfigur.

Viel Freude bei der Aufführung deines Stücks und allzeit Erfolg!

48051158R00080

Printed in Poland
by Amazon Fulfillment
Poland Sp. z o.o., Wrocław